Erstveröffentlichung in England unter dem Titel
„Sexual Positions“

ISBN: 3-89450-085-9

TECHNIKEN DER LIEBE

DR. GLENN WILSON

VORBEREITUNGEN AUF DIE LIEBE

Im Film *Der letzte Tango in Paris* begegnen sich Marlon Brando und Maria Schneider zufällig, während sie ein leeres Appartement inspizieren, an dem sie beide interessiert sind. Zur Vorstellung haben sie, bevor auch nur ein Wort fällt, auf der Treppe stehend Verkehr miteinander, während sie noch ganz angezogen sind. Auf diese Weise kommt stillschweigend der Vertrag zustande, sich das Appartement zu teilen.

Das ist in außergewöhnlichen (normalerweise erfundenen) Situationen ja ganz schön und gut, aber die meisten Menschen brauchen etwas länger, um erregt zu werden. Normalerweise ist ein gewisses Maß von Einstimmung oder Vorspiel angezeigt. Und wie ein spontaner Schnellschuß besonders aufregend sein kann, vermag auch ein absichtlich langes und anregendes Vorspiel das Vergnügen einer sexuellen Begegnung zu erhöhen. Sex ist oder sollte zumindest mehr sein als eine Ruckzucknummer.

Die richtige Stimmung schaffen

Das Vorspiel ist oft notwendig, weil der sexuelle Reaktionszyklus der Frau langsamer abläuft als der des Mannes. Ein Mann kann schon vom bloßen Anblick einer attraktiven, wohlproportionierten jungen Frau erregt werden, besonders dann, wenn sie dabei ist, ihre Kleidung auf provozierende Weise abzulegen. Für die meisten Frauen bedarf es einer Art längerer Vorarbeit, ehe sie zu Sex bereit sind. Diese kann mit romantischen und ritterlichen Gesten beginnen, etwa dem Überreichen von Blumen, dem Öffnen einer Wagentür oder einer Hilfestellung beim Aussteigen. Sie kann sich fortsetzen mit leisen, lieben Worten, die mit tiefer, Halt gebender Stimme vorgetragen werden, und mit einer kompetenten körperlichen Beherrschung der Situation – etwa, daß man beim Tanz führt oder sie aufhebt und „über die Schwelle“ ins Schlafzimmer trägt. Trotz gelegentlicher feministischer Behauptungen des Gegenteils, sehnen sich die meisten Frauen nach einem „Ritter in strahlender Rüstung auf einem weißen Roß“, der sie mitreißt und fest, aber liebevoll „besitzt“.

Im Schlafzimmer angelangt, kann das Vorspiel mit zartem Streicheln fortgesetzt werden, und mit Küssen auf Körperteile, die nicht direkt stimulierend wirken. „Gleich zur Sache gehen“, kann zu unwilligen Reaktionen führen, doch wenn die Lippen langsam und zart auf die Innenseite der Handgelenke, hinten auf den Hals oder auf die Ohrläppchen gedrückt werden, ist es sehr viel wahrscheinlicher, daß eine Frau „dahinschmilzt“. Wenn eine Frau nicht sicher ist, ob sie sich sexy fühlt, ist es nützlicher, ihr anstelle von Geschlechtsverkehr eine Massage zu bieten. Es ist wahrscheinlicher, daß sie dazu bereit ist, und daß sie durch Vergnügen und Entspannung einer Massage in einen Zustand der Hingabe versetzt wird. Sextherapeuten betonen die Bedeutung liebevoller, unbedrohlicher Körperkontakte, die keine Verpflichtung und keinen Druck auf Geschlechtsverkehr beinhalten, als eine Möglichkeit, sexuelle Bereitschaft zu erzeugen.

In jüngster Zeit ist das Argument modisch geworden, weibliche Zurückhaltung in puncto Sex sei das oberflächliche Produkt einer sittenstrengen Erziehung, die Mädchen stärker als Jungen aufgezwungen wird. Unter diesem Aspekt gesehen, wird die zunehmende Gleichheit und gesellschaftliche Freizügigkeit die Frauen endlich von ihren traditionellen Hemmungen befreien und sie ebenso leicht erregbar machen und das Vergnügen suchen lassen wie die Männer. Leider (oder vielleicht zum guten Glück) gibt es Grenzen für die von sich wandelnden gesellschaftlichen Sitten bewirkte Befreiung weiblicher Sexualität in der besonderen biologischen Natur der Frau. Denn während der gesamten Evolutionsgeschichte war die Frau diejenige, die infolge von Geschlechtsverkehr schwanger wurde, so daß Frauen in sexuellen Fragen allmählich eine gewisse Vorsorge entwickelten, damit ihre wertvollen Eier und ihre mütterlichen

Fähigkeiten nicht zur falschen Zeit auf den Nachwuchs des falschen Mannes verschwendet werden. Universelle Nymphomanie mag zwar ein begehrenswerter Wunschtraum einiger Playboys sein, dessen Verwirklichung jedoch äußerst unwahrscheinlich ist, egal welche Rollenmodelle die Gesellschaft entwickelt.

Bewußtseinserweiterung

Obwohl besonders die Frauen ein möglichst langes Vorspiel schätzen, können auch die Männer davon profitieren. Männer, die wegen Streß, Altersgründen, Erschöpfung, früheren schlechten Erfahrungen, Langeweile mit einem bestimmten Partner oder einer ganz allgemein niedrigen Libido zur Impotenz neigen, können gleichermaßen etwas Vorarbeit brauchen. Nicht alle Männer können wie auf Knopfdruck eine sofortige Erektion erzielen; sie mögen animalisch sein, aber sie sind keine Roboter. Manche Männer brauchen zum Liebesspiel soviel Zeit wie eine Frau. Die Unterschiede zwischen den Geschlechtern sind nur auf den Durchschnitt anzuwenden; innerhalb der Geschlechter gibt es eine große Variationsbreite und viele Überschneidungen.

Selbst wenn ein Mann sogleich und wirklich erregt wird, kann er durch die Reize des Vorspiels zu größerer Ausdauer und Ekstase kommen. Eine solche Möglichkeit ist die „Start-Stop“- oder „Druck“-Technik, wie sie Sextherapeuten zur Behandlung des vorzeitigen Samenergusses (Ejaculation praecox) verwenden. Der Mann wird wiederholt manuell oder oral bis kurz vor den Höhepunkt gebracht und dann mit einem Druck der Finger gegen das Ende seines Gliedes hin am Kommen gehindert. Wenn man ihm jedesmal etwas Zeit gibt, nach dem Fingerdruck die Erregung etwas abzubauen, kann man die Erektion über eine längere Zeit ausdehnen und den schließlich erfolgenden Erguß um so intensiver werden lassen.

Viele der sogenannten „sadomasochistischen“ Tätigkeiten wie

Auspeitschen, Fesselung und Demütigung können als yogaähnliche Prüfungen verstanden werden, die zu einer Bewußtseinserweiterung führen. Ihre Schlüsselelemente der Einschränkung, des Entzugs, der Kontrolle und der Erzeugung leichter Ängste sind auch in manchen religiösen und magischen Riten zu finden. Werden solche Spannungen oder „Drohungen" langsam aufgebaut und ihr Ende möglichst lange hinausgeschoben, kann der folgende Orgasmus um so aufregender sein.

Das ist einer der Gründe dafür, daß so viele psychiatrisch tadellose Paare Schlafzimmerspiele wie Herr und Sklave, Lehrer und Schüler, Doktor und Patient, Vergewaltiger und Opfer, Prostituierte und Kunde inszenieren. Neben dem geistigen Spaß, einmal „unanständig" zu sein, kann der dominierende Partner sein Liebesspiel verlängern und beim willfährigen Partner Erlebnisse und Gefühle bewirken, deren er oder sie sich noch nicht bewußt waren. Solches Verhalten als Perversion zu bezeichnen oder in Begriffen der Psychopathologie zu beschreiben, heißt einen äußerst kreativen, forschenden Aspekt des menschlichen Geistes herabzuwürdigen.

Der Orgasmus der Frau

Um die Kunst des Vorspiels zu erlernen, ist es nützlich, die schwer bestimmbare Natur des weiblichen Orgasmus zu kennen. Wenn eine Frau einen Orgasmus hat, scheint er dem des Mannes sehr ähnlich zu sein. Natürlich kommt es nicht zu einer Ejakulation, aber die Muskeln der Scheidenwand weisen die gleichen rhythmischen Kontraktionen auf wie die Harnröhre, die in Intervallen von 0,8 Sekunden erfolgen. Von Männern und Frauen gegebene Beschreibungen der Empfindungen des Orgasmus unterscheiden sich kaum voneinander. Einzige Ausnahme ist, daß manche Frauen, aber keine Männer von mehrfachen Orgasmen berichten.

Der wahre Unterschied zwischen dem Orgasmus von Mann und Frau liegt in der Schnelligkeit, Leichtigkeit und Verläßlichkeit, mit denen er erzielt wird. Ein kleiner Prozentsatz der Frauen (etwa 10%) behauptet, während des Geschlechtsverkehrs *immer* einen Orgasmus zu erzielen, ein ähnlicher Prozentsatz kommt *nie* zu einem Orgasmus, während die übrigen Frauen immer wieder einmal den Höhepunkt erreichen und bis zu einem gewissen Maß darauf hinarbeiten müssen. Darüber hinaus kann die Mehrzahl der Frauen einen Orgasmus verläßlicher mit einem Vibrator oder mit eigener Hand erzielen als während des Geschlechtsverkehrs mit einem Mann.

Um das zu erklären, muß man sich den biologischen Unterschied zwischen Mann und Frau vor Augen halten. Bei Männern hat der Orgasmus eine eindeutige Funktion. Er ist das Gefühl, das den Samenerguß begleitet. Dieses gleichermaßen angenehme und befriedigende Gefühl erlaubt es, den Geschlechtsverkehr zu beenden. Ein ähnlicher Mechanismus bei Frauen wäre widersinnig, da er die weibliche Strategie der Zurückhaltung und Wahl des Sexualpartners durchkreuzen würde und außerdem zur Folge hätte, daß in 50% der Fälle der Geschlechtsverkehr beendet wäre, ehe es zu einer Ejakulation gekommen ist. Evolutionstheoretiker sind daher heute der Ansicht, daß der weibliche Orgasmus keinerlei biologische Funktion hat, sondern eine Folge der Tatsache ist, daß Mann und Frau die erforderlichen neurologischen Anlagen teilen. Die Klitoris ist ein rudimentärer Penis, der vielleicht funktioneller als die Brustwarzen des Mannes, diesen aber in vielerlei Hinsicht vergleichbar ist. Sie ist als Erregungszentrum nützlich, das zu psychologischer Aufnahmebereitschaft und Befeuchtung der Scheide führt, während für viele Frauen ein Orgasmus für die Empfängnis oder gar für Spaß am Sex nicht wesentlich ist. Gleichermaßen gefällt es manchen Männern, wenn an ihren Brustwarzen gesaugt wird, obwohl das keinen biologischen Nutzen hat. Und doch käme niemand ernsthaft auf die Idee, Männern, die ihren Brustwarzen keine erotischen Reize abgewinnen, eine Sextherapie zu empfehlen.

Natürlich frustriert es eine Frau, wenn sie über einen längeren Zeitraum hin erregt wurde und dann kurz vor Erreichen des Höhepunkts plötzlich auf dem Trockenen gelassen wird. Zudem steht außer Zweifel, daß Frauen den Orgasmus überaus genießen, wenn sie es gelernt haben, ihn zu erreichen. Daher ist es gut zu wissen, daß der weibliche Orgasmus normalerweise mit der Länge der Reizung der Klitoris zusammenhängt. Die Bewegung des Glieds in der Scheide kann, wie Masters und Johnson feststellten, dazu führen, daß sich klitorisumspannende Haut und Klitoris reiben. Das allein genügt jedoch nicht bei jeder Frau, um einen Orgasmus zu bewirken. In manchen Fällen ist ein direkterer manueller, oraler oder mechanischer Kontakt erforderlich, oder aber die Frau muß, wie Sextherapeuten das so oft empfehlen, oben liegen.

Es scheint als wären die weiblichen Genitalien für einen Orgasmus während des Geschlechtsverkehrs nicht in idealer Weise ausgebildet. Für die Anfangsstufen der Erregung, die zur Befeuchtung führen, befindet sich die Klitoris an einer gut geeigneten Stelle, doch in späteren Stadien ist sie unbeteiligt. Ein Beleg hierfür ist, daß Frauen selten masturbieren, indem sie phallische Objekte in die Scheide einführen. Meist manipulieren sie die Gegend um die Klitoris oder halten einen flachen Vibrator gegen sie. Nach dem „Sex in der besten aller möglichen Welten" befragt, antwortete eine der Testpersonen von Shere Hite: „Himmel, dann wäre meine Klitoris in der Scheide, damit ich beim Vögeln kommen könnte." Wie die Frau gebaut ist, bedarf es oft einer äußeren Erregung vor, während oder nach dem Geschlechtsverkehr, wenn die Frau zum Orgasmus kommen will. Der rücksichtsvolle Mann rollt nicht einfach zur Seite und schläft ein, wenn er befriedigt ist, sondern erkundigt sich nach dem Befinden der Frau. Sie sollte ihrerseits nicht passiv darauf warten, daß ihr der Orgasmus „geschenkt" wird durch das Tun des Mannes. Es hilft enorm, wenn sie eine aktive Rolle spielt, das Becken auf und ab bewegt und dafür sorgt, daß dort stimuliert wird, wo es am wohlsten tut.

Der Grafenberg-Punkt

Obwohl Frauen normalerweise keine Ejakulation haben, soll es bei manchen Frauen zu einem Erguß kommen, der weder Urin noch Gleitflüssigkeit ist, sondern der männlichen Samenflüssigkeit – aber ohne Sperma – ähnelt. Bei einer kleinen Minderheit von Frauen findet dieser Erguß als plötzlicher Ausstoß im Augenblick des Orgasmus statt; er kann den Eindruck erwekken, sie hätten das Bett genäßt. Das Sekret des männlichen Ejakulats entsteht in der Vorsteherdrüse (Prostata), daher beschäftigte man sich bei Frauen mit der Rolle analoger Anlagen. Einige amerikanische Forscher behaupten, eine äußerst erogene Zone wiederentdeckt zu haben, die ursprünglich vor einigen Jahrzehnten von dem deutschen Gynäkologen Dr. Grafenberg beschrieben wurde. Es handelt sich dabei um einen kleinen Bereich knapp drei Zentimeter unter der oberen Scheidenwand, hinter dem Schambein etwa auf halbem Weg zum Gebärmutterhals. Angeblich ist dies ein besonders empfindlicher Bereich der inneren Anatomie der Frau, und eben jener, der bei wenigen Frauen die sagenhaften Ergüsse bewirkt (die übrigens aus der Harnröhre kommen, nicht aus der Gebärmutter). Man darf vermuten, daß diese Frauen ungewöhnlich gut

entwickelte Vorsteherdrüsenäquivalente haben und in dieser Hinsicht eine dem Mann ähnliche Veranlagung haben, wie es ja auch Frauen mit einer ungewöhnlich großen Klitoris gibt, die fast wie ein kleiner Penis aussieht.
Da es bei Frauen große Unterschiede in der Anordnung und Empfindlichkeit der erogenen Zonen zu geben scheint, kann es sich sehr lohnen, im Gespräch und in der Praxis die gegenseitigen Empfindungen zu erforschen. Eine Frau kann die Empfindlichkeit ihrer Grafenberg-Zone selbst untersuchen, indem sie den Zeigefinger etwa fünf Zentimeter in die Scheide einführt und deren obere Wand rhythmisch und kräftig massiert. Anfangs kann dies ein Gefühl des Harndrangs bewirken, der dann aber bei manchen Frauen einem Gefühl sich steigernder sexueller Erregung weicht. Einige Sexualtherapeuten halten den G-Punkt für den Orgasmus für ebenso nützlich wie die Klitoris. Übermäßiges Massieren der Klitoris bereitet manchen Frauen zudem Schmerzen, während die Massage des G-Punkts länger ein Vergnügen bleibt. Beim Mann befindet sich die Entsprechung für den Grafenberg-Punkt im Bereich zwischen Anus und Unterseite der Hoden, also in nächster Nähe der Prostata. Druck auf diese Stelle oder gar auf die obere Innenwand des Rektums (Enddarm) können auf ähnliche Weise erregen oder zum Orgasmus führen. Manche Männer mögen es daher, wenn man während des Geschlechtsverkehrs ihren After mit einem Finger oder einem Gegenstand, etwa einer Kerze, manipuliert.

Küssen und Umarmen

Küsse werden in der verschiedensten Form in aller Welt bei unterschiedlicher sexueller und gesellschaftlicher Bedeutung gegeben. In der westlichen Kultur drücken dabei meist Paare ihre Lippen aufeinander. Bei einigen Kulturen am Pazifik wird hingegen Vertrautheit und Liebe gezeigt, indem man die Nasen aneinanderreibt. Ein Kuß kann Zuneigung bei Begrüßung oder Abschied ausdrücken, ohne daß er sexuell stimulierend wirken muß, etwa zwischen Familienmitgliedern oder alten Bekannten. Am anderen Extrem steht das leidenschaftliche Küssen, das manchmal als „Geknutsche" bezeichnet wird und den „Franzosenkuß" – den Zungenkuß, bei dem die Partner den Mund des anderen mit ihrer Zunge abtasten – mit einschließt. Das kann sehr erregend sein und die Vorstufe für Geschlechtsverkehr werden. Für manche Jugendliche ist Küssen Selbstzweck ohne Folgen. Gleichermaßen kann eine Umarmung einfach Zuneigung oder Ermutigung ausdrücken oder aber Beginn einer erotischen Episode sein.
Einige Ethologen meinen, das Küssen leite sich von der Mund-zu-Mund-Fütterung von Mutter und Kind ab, wie sie bei Vögeln und einigen primitiven menschlichen Kulturen zu beobachten ist. Viel wichtiger ist jedoch die Möglichkeit, eine geliebte Person am Geruch zu erkennen. Der Gesichtskontakt beim Küssen erlaubt eine der Eltern-Kind-Situation ähnliche Geruchsmarkierung, die für Liebende eine zusätzliche Bindung bedeutet. Der Geruch von Zigarettenrauch oder Knoblauch bei einem in Aussicht genommenen Partner kann der sich anbahnenden Beziehung Abbruch tun, wenn der andere diese Gerüche verabscheut.
Küssen hat auch eine Testfunktion für das Entwicklungsstadium einer Beziehung. Wenn ein Mädchen nach dem ersten Rendezvous den angebotenen Kuß auf die Wange geben läßt statt auf die Lippen, kann sie ihrem Verehrer damit einen gewissen Grad von Distanziertheit signalisieren. Erwidert sie den Kuß jedoch leidenschaftlich und hingebungsvoll, und wirft sie dabei noch die Arme um ihn, wird eine ganz andere Botschaft vermittelt. Auf diese Weise ist Küssen ein Ausdrucksmittel, das weniger drohend und peinlich ist als viele Worte. Man muß nicht gleich alle Karten auf den Tisch legen. Annäherung und Rückzug können unternommen und angedeutet werden, ohne für die eine oder andere Seite zum Gesichtsverlust zu führen.
Wie die meisten Liebeshandbücher lehren, muß ein Kuß nicht nur von Mund zu Mund gehen. Die Lippen auf andere Bereiche des Körpers zu drücken, kann extrem erotisch wirken, und die meisten Menschen mögen es, langsam am ganzen Körper geküßt zu werden. Bereiche, denen dabei besondere Aufmerksamkeit gewidmet wird, sind Hals, Schultern, Ohrläppchen, Unterarme, Brüste, Gesäß, Innenseite der Oberschenkel und Fußsohlen, ebenso natürlich Lippen wie Genitalien. Alex Comfort empfiehlt eine Prozedur, die er „Blumenteppich machen" nennt. Dabei wird der Körper von Kopf bis Fuß mit kleinen, sanften Küssen bedeckt.

Oraler Sex

In der Hauptsache gibt es zwei Formen des oralen Sex: Küssen, Lecken und Lutschen der Vulva (Cunnilingus) und entsprechender Mundkontakt mit dem Penis (Fellatio). Die Bezeichnung Cunnilingus leitet sich ab vom lateinischen Wort *cunnus*, weibliche Scham, und von *lingere* (lecken). Fellatio ist abgeleitet von *fellare*, saugen. Die gleichzeitige Ausübung beider Tätigkeiten wird als *Neunundsechzig* bezeichnet, weil die Stellung des solchermaßen beschäftigten Paares der Form der Zahl 69 ähnelt.
Oraler Sex kann ein komplettes, eigenständiges Sexualerlebnis sein, bei dem beide Partner zum Orgasmus kommen. Meist ist er jedoch ein Teil des Vorspiels für den eigentlichen Geschlechtsverkehr. Das hat gewisse Vorteile. Der Mund sorgt schneller für Gleitfähigkeit als die Scheide, was Beginn der Erregung werden kann. Der Speichel ist, genaugenommen, ein guter Konkurrent käuflicher Sex-Gleitmittel. Außerdem hat der Mund eine stärkere Selbstkontrolle als die Genitalien und kann daher den Partner gezielter „anmachen". Sofortiger Genitalkontakt kann ein allzu schnelles Ende des Geschlechtsverkehrs bedeuten; orale Erregung kann viel länger hinausgezogen werden, wenn die Partner darin geübt sind, daß sie erkennen, wann der Höhepunkt des anderen bevorsteht.
Für viele Frauen ist Cunnilingus aufregender als Geschlechtsverkehr, weil die Zunge selbstbefeuchtend, zuverlässig fest und sehr beweglich ist und direkt jene Stellen der Klitoris umspielen kann, die Erregung und Orgasmus auslösen. Auch für den Mann ist Fellatio besonders erregend, weil anders (wie eine neue Vagina), und weil sie einen großen Grad an Intimität voraussetzt und die Frau dabei die aktive Rolle spielt (was für manche Männer, die gewohnt sind, die ganze Arbeit zu tun, wie Urlaub ist). Um einen Mann zu einer zweiten Runde im Liebesspiel „wiederzuerwecken" ist Fellatio eine besonders wirkungsvolle Möglichkeit.
Sollte sich der Samen des Mannes in den Mund der Frau ergießen, ist es ungefährlich, ihn zu verschlucken – er besteht aus gesundem Protein. Die leicht salzige Flüssigkeit ist aber nicht nach dem Geschmack einer jeden Frau. Zweifelsohne sind die drei sinnlosesten Versprechungen, in umgekehrter Reihenfolge: „das Auto ist unterwegs", „der Scheck ist in der Post" und „sei unbesorgt, ich ergieß mich schon nicht in deinen Mund."
Laut dem Sextherapeuten Avodah Ovitt hat die Fellatio eine lange, wenngleich nicht belegte Geschichte. So soll Lippenstift angeblich in klassischen Zeiten von Prostituierten eingeführt worden sein, die damit ihre Bereitschaft zum oralen Sex bekunden wollten. Kleopatra wird nachgesagt, eine Meisterin der Fellatio gewesen zu sein. In einer Nacht soll sie sich 106 römi-

sche Legionäre zum Munde genommen haben. Einige Historiker behaupten, im alten China hätten Großmütter, Mütter und Ammen kleine Buben mit Fellatio beruhigt. Und Anthropologen haben melanesische Kulturen beschrieben, in denen kleine Buben an älteren Jungen Fellatio vollziehen müssen, um auf magische Weise an deren Stärke und Virilität teilzuhaben, und um jenen vor der Hochzeit zu ermöglichen, daß sie ihre sexuellen Triebe abreagieren.

Vor Kinsey waren die Menschen sehr zurückhaltend, wenn die Rede auf oralen Sex kam, weil er als ungewöhnliche Perversion angesehen wurde. Der Kinsey-Report enthüllte jedoch, daß selbst in den vierziger Jahren oraler Sex weitverbreitet war. Etwa die Hälfte aller Amerikaner, besonders die besser gebildeten, praktizierten ihn. Vermutlich lag es zum Teil am Kinsey-Report,

daß seither oraler Sex „normalisiert" und noch beliebter wurde. Die meisten Menschen versuchen ihn wenigstens gelegentlich. Eine neuere Untersuchung des Sexualverhaltens in England erbrachte, daß 90% aller Frauen und Männer oralen Sex versucht hatten, und daß er den meisten von ihnen auch großen Spaß gemacht hatte.

Oraler Sex bringt gewisse Gefahren, auf die hingewiesen werden sollte. 1. Obgleich die Risiken kaum größer sind als beim Geschlechtsverkehr oder beim Zungenkuß, können einige bekannte Geschlechtskrankheiten hierbei übertragen werden. Die sogenannten „beim Geschlechtsverkehr übertragbaren" Krankheiten heißen wohl besser „Krankheiten infolge von Schleimhautberührungen", da sie die Schleimhäute angreifen, ob diese sich in Mund, Harnröhre oder Vagina befinden. Der Anstand und ästhetische Gründe gebieten es, daß man sich vor

oralem Sex wäscht. Ein Schutz gegen Geschlechtskrankheiten ist das jedoch kaum. Syphilis und Gonorrhoe haben im modernen Zeitalter der Antibiotika viel von ihren Schrecken verloren. Größere Sorgen bereiten heute Herpes, der zwar weniger in den Gesamtorganismus eindringt, aber anscheinend unheilbar ist, und seit neuestem Aids.
2. Von Cunnilingus in Verbindung mit keimtötenden Empfängnisverhütungsmitteln wird abgeraten. Sie sind zwar normalerweise nicht sehr giftig, können aber sehr unangenehm schmecken. Cunnilingus während der Periode der Frau ist ungefährlich, aber außer Graf Dracula findet ihn wohl so ziemlich jedermann während der Mitte des Zyklus angenehmer.
3. Die Bezeichnung „einen blasen" ist für den Neuling irreführend, da es beim oralen Sex nicht darum geht, in die Genitalien zu blasen. Das wäre nicht nur unangenehm, sondern könnte auch gefährlich sein. So kann zum Beispiel heftiges Blasen in die Scheide einer schwangeren Frau Luftblasen in die Blutgefäße pressen und im Extremfall für Mutter und Fötus tödlich sein.
4. Fellatio kann zu Penisverletzungen führen, wenn die Frau mit ihren Zähnen unvorsichtig und der Mann in seiner stoßenden Bewegung unkontrolliert ist. In sehr seltenen Fällen hat Fellatio durch Verstopfung des Kehlkopfes auch zum Tod durch Ersticken geführt. Mit einem Mindestmaß an Fürsorge und Sorgfalt beider Teile sollte es weder die Gefahr von Verletzungen noch des Erstickens geben.
5. Schließlich sei noch erwähnt, daß nach den altmodischen Gesetzen einiger Länder, darunter auch einige amerikanische Bundesstaaten, oraler Sex sogar für Ehepaare unter Androhung von Gefängnisstrafe verboten ist. Obgleich diese Gesetze selten vollstreckt werden, bieten sie einem verärgerten Partner oder Ehepartner die Möglichkeit für Erpressung und Racheausübung. Daher sollte man oralen Sex nur mit einem Partner haben, den man wahrhaft liebt und dem man traut.

Verhalten im Schlafzimmer

Die wichtigste Höflichkeitsregel für Liebende ist die, daß das Liebesspiel streng von den Alltagsschwierigkeiten einer Beziehung getrennt sein sollte. Familienstreit oder sonstige Auseinandersetzungen sollten vor der Schlafzimmertüre bleiben. Dahinter sollte eine positive, tragende Atmosphäre von Nestwärme sein. Das mag manchmal gestelzt wirken, ist aber von Bedeutung, um die spielerische Qualität der Liebe nicht durch Konflikte und Ärger zu trüben, die nichts mit dem Vollzug der Liebe zu tun haben.
Gleichermaßen sollten das Tun und die während des Liebesspiels geäußerten Phantasien in diesem „abgeschlossenen" Raum bleiben und nicht ins wirkliche Leben mit hinüber genommen werden. Die kleinen Eigen- und Besonderheiten eines Liebespaares sollten weder öffentlich noch privat herabsetzend, lächerlich machend oder beschämend gegeneinander verwendet werden. Sie sollten ein unausgesprochenes Geheimnis der beiden Liebenden bleiben. So ist es zum Beispiel äußerst ungehörig, Entspannung und Vertrauen des Liebesspiels zu benützen, um Geständnisse von Tatsachen und Phantasien zu erzwingen, nur um diese am nächsten Morgen dem Partner vorzuhalten und vorzuwerfen. Wenn schon das Schlafzimmer zum Beichtstuhl wird, sollte die Wiedergutmachung (Strafe, Vergebung usw.) an Ort und Stelle ausgehandelt werden. Ebenso ist es wider den Sinn der Sache, beim Frühstück oder am hellichten Tage über die sexuelle Leistung (insbesondere deren Mängel) zu reden. Auch hierüber sollte man sich sofort in netter, konstruktiver Weise unterhalten, anstatt sich zu beklagen oder zu schimpfen. Nur wenn es gelingt, das Geschlechtsleben von anderen Konfliktbereichen zu trennen, die sich in einer länger dauernden Beziehung unweigerlich ergeben, kann Sex sehr lange erfrischend und erfreuend bleiben.

STELLUNGEN BEIM LIEBESSPIEL

Allen Gerüchten zum Trotz, gibt es für den Koitus im wesentlichen nur zwei Stellungen. Die eine ist frontal, von Angesicht zu Angesicht, die andere ist Gesicht gegen Rücken für eine Vereinigung von hinten. Beide kann man jedoch in den verschiedensten Körperhaltungen durchführen – im Liegen, Sitzen, Stehen, während man am Kronleuchter schwingt usw. – und so hat man nahezu unbegrenzte Möglichkeiten der Sexualakrobatik.

Die Missionarsstellung

So bezeichnet man, vor allem im englischen Sprachbereich, die am meisten verbreitete Frontalstellung, bei der der Mann auf der Frau und zwischen ihren Beinen liegt. Es wird oft vermutet, daß diese Stellung ihren Namen daher hat, daß europäische Missionare der viktorianischen Ära in Afrika und Ozeanien Schwierigkeiten hatten, die Eingeborenen von ihren bevorzugteren, primitiven, „animalischen" Beischlaf-Haltungen zu dieser Methode zu bekehren. Genaugenommen gehört die Missionarsstellung in praktisch allen Kulturen zu den Standardstellungen, daher kann sich der Name allenfalls darauf beziehen, daß einige christliche Missionare versuchten, alle Alternativen auszurotten, die sie für bestialisch oder pervertiert hielten.
Diese Stellung ist wahrscheinlich deshalb so beliebt, weil sie dem Mann eine dominierende Rolle gibt (was ein Naturinstinkt zu sein scheint), während sie gleichzeitig Kommunikation von Angesicht zu Angesicht ermöglicht (was man menschlich, höflich oder als zusätzlichen Reiz bezeichnen kann). Der größte Nachteil dabei ist, daß das Gewicht des Mannes die zur vollen Befriedigung erforderliche Bewegungsfreiheit einschränkt. Eine weitverbreitete Variante dieser Stellung ist es daher, daß der Mann sein Gewicht ganz oder teilweise auf Ellbogen oder Hände verlagert und sich so von seiner Partnerin abhebt, so daß sie sich besser bewegen und freier atmen kann.

Haarnadel

Wenn die Frau von der Missionarsstellung ausgehend die gestreckten Beine anhebt und so weit wie möglich in Kopfrichtung absenkt, erreichen wir eine Stellung oder Krümmung, die einer „Haarnadel" sehr ähnlich sieht. Der Mann kann Hilfestellung leisten, indem er die Beine an den Knöcheln ergreift und (sanft) festhält.
Diese Stellung sorgt für sehr tiefes Eindringen (je nach Größe der Geschlechtsteile kann es manchmal auch zu tief sein). Das ist einer der Gründe dafür, daß diese Stellung Paaren empfohlen wird, die eine Schwangerschaft anstreben. In diesem Fall sollte die Frau nach dem Samenerguß eine Weile *in situ* bleiben, damit die Spermien jede nur erdenkliche Chance haben, durch den Gebärmutterhals vorzudringen.

Flanquette

Eine weitere Variation der Grundstellung ist es, wenn der Mann ein Bein außen neben ein Bein der Partnerin legt und nur ein Bein zwischen ihren Beinen hat. Das bedeutet meist, daß sich ein Teil seines Gewichts auf einen Ellbogen verlagert und das Paar auf halbem Weg zu einer Seite-an-Seite-Stellung ist. Die

Bezeichnung für diese Stellung rührt daher, daß sich dabei die Innenseiten der Oberschenkel in erotischem Kontakt befinden.
Diese Stellung kann für beide Teile sehr befriedigend sein, da sie Elemente männlicher Dominanz wahrt, ohne für die Frau zu erdrückend zu sein. Oft erhöht sie auch die Reizwirkung auf Schamlippen und Klitoris. Die meisten Paare stellen fest, daß sie bei der flankierenden Stellung immer die linke oder rechte Position wählen, je nachdem wie es ihnen am natürlichsten oder bequemsten scheint.

Fernöstliche Stellung

Verschiedene Formen des gemeinsamen Hockens und Sitzens werden häufig mit Japanern und Chinesen in Verbindung gebracht, wahrscheinlich wegen des Bildes das ihre frühen erotischen Drucke (besonders die des 18. Jahrhunderts) vermittelten. Diese Stellungen werden gewöhnlich auf Kissen am Boden ausgeführt, teils weil es fernöstlicher Tradition entspricht, teils weil es schwierig ist, auf den gutgefederten westlichen Betten das Gleichgewicht zu halten.
Diese Stellungen erlauben einen intimeren Gesichtskontakt und eine yoga-ähnliche Kontrolle, die das Liebesspiel beträchtlich verlängern kann. Die beiden Partner sind dabei gleichberechtigt, da jeder eine Bewegung beginnen oder begrenzen kann.
Beugen sich beide Partner zurück, wird eine Stellung erreicht, die manchmal auch als „X-Stellung" bezeichnet wird. Halten dabei die Partner die Hände mit ausgestreckten Armen, läßt sich eine Art Schaukelbewegung bewirken. Der auf das Glied des Mannes ausgeübte Rückwärtszug kann seinen Orgasmus verzögern und verlängerten Geschlechtsverkehr bewirken, der für die Frau sehr stimulierend ist.

Römersitz

Hiermit ist die sich zunehmender Beliebtheit erfreuende Stellung gemeint, bei der die Frau oben liegt. Während der viktorianischen Ära wurde diese Stellung von Ehepaaren kaum gepflegt, da es für unziemlich gehalten wurde, wenn Frauen im Schlafzimmer Begierde und Aktivität an den Tag legten. Diese Stellung ist jedoch in der Literatur des alten Rom und Indiens gut belegt, so daß sie nicht als moderne, feministische Entdekkung gefeiert werden kann.
Sextherapeuten empfehlen diese Stellung Frauen, die Orgasmusprobleme haben, da sie hierbei große Freiheit und Kontrolle haben und für gute Anregung der Klitoris gesorgt ist. In dieser Stellung kann die Frau Zeitpunkt, Winkel und Tiefe des Eindringens bestimmen und es lernen gewöhnlich vor ihrem Partner zum Höhepunkt zu kommen. Der Römersitz kann mit Gesicht oder Rücken zum Partner ausgeführt werden. Für den Mann bietet das neue optische Reize, bei manchen Paaren dringt das männliche Glied hierbei jedoch zu tief in die Scheide ein.
Nur wenige Männer sind sich ihrer Männlichkeit so unsicher, daß sie sich vom gelegentlichen Annehmen der unteren Position bedroht fühlen. Meist haben sie großes Vergnügen daran, weil die Frau die Scheidenmuskulatur gut unter Kontrolle hat und daher an ihnen ziehen kann wie ein Staubsauger. Das Gewicht der Frau ist für den Mann im allgemeinen nicht so unangenehm wie das Gewicht des Mannes für die Frau.
Während der Römersitz sich als Quelle gemeinsamen Vergnügens empfiehlt, ist er für die Erzielung einer Schwangerschaft nicht übermäßig geeignet. Die Samenflüssigkeit verliert an Konzentration, da sie aus der Scheide herausläuft. Da es dennoch zu einer Schwangerschaft kommen kann, sollte man diese Stellung nicht als empfängnisverhütendes Mittel ansehen.
Manchmal gleitet das Glied aus der Scheide, weil sich die Frau zu hoch nach oben bewegt. Das Ergebnis wird gelegentlich als „das schnellste vierhändige Spiel der Welt" bezeichnet. Schlimmer noch ist, daß der Mann verletzt werden kann, wenn die Frau auf das halbsteife Glied herniedersaust, nachdem es herausgerutscht ist. Es ist daher im allgemeinen besser, im Römersitz einen leichten Galopp zu reiten und nicht beim Wildpferde-Rodeo gewinnen zu wollen.

Nach Hundeart

Die Vereinigung aus der rückwärtigen Stellung ist trotz der negativen Bezeichnung ebenso natürlich und vergnüglich wie frontaler Geschlechtsverkehr. Auf ungünstigem Terrain wie Berggipfeln, einem Flußbett oder einer Flugzeugtoilette ist diese Methode, bei der sich die Frau nach vorne beugt, während der Mann hinter ihr steht, wesentlich bequemer und leichter durchzuführen. Liegt man im Bett nebeneinander ist das Einführen von hinten eine der sanftesten und bequemsten Möglichkeiten, die sogar im Halbschlaf möglich ist.
Gesichtskontakt ist bei dieser Stellung naturgemäß behindert. Aber schließlich ist nicht jedermanns Gesicht erotisch optimal stimulierend, und manchmal kann es eine Erleichterung sein, sich keine Gedanken um eine Konversation während des Geschlechtsverkehrs machen zu müssen. Einige Geschäftsleute geben damit an, daß sie gerne auf Diktiermaschine sprechen, während die Sekretärin über den Schreibtisch gebeugt wichtigere Dienste leistet.
Einführen von hinten sollte nicht mit analem Geschlechtsverkehr verwechselt werden, oder gar mit Sodomie, wie das einige puritanische Kritiker tun. Das ist nicht nur etwas anderes und für die meisten Paare weniger befriedigend, es ist obendrein in vielen Ländern verboten. „Vom Nacken abwärts die zweite Öffnung", ist daher die Empfehlung, die jungen Männern üblicherweise gegeben wird.

Schubkarre

Eine Abwandlung des Einführens von hinten, die eher wie ein Zirkustrick als wie vernünftiges Liebesspiel wirkt, nennt man den „Schubkarren". Wie der Name andeutet, hebt dabei der Mann die Frau an den Beinen hoch, während sie sich mit den Ellbogen am Boden abstützt oder auf den Händen geht. Der Kopf der Frau zeigt dabei nach unten, so daß ihr Blut in den Kopf steigt, was die Empfindungen beim Orgasmus noch steigert. Nicht alle Frauen finden an dieser Stellung Vergnügen, aber sie ist ungefährlicher als die Strangulierungsspiele, die manche sensationshungrigen Menschen schon gemacht haben.

Knie hoch

In Städten oft in Hauseingängen, auf dem Land an Bäumen durchgeführt, ist diese stehende Stellung für den schnellen Verkehr so, daß sich die Partner nur minimal entblößen müssen. Manchmal hilft es, wenn die Frau ein Bein hebt und um den Körper des Mannes schlingt, weshalb in östlichen Handbüchern diese Stellung als „den Baum besteigen" bezeichnet wird. Ist die Frau besonders leicht und beweglich, kann sie auch beide Beine um ihn schlingen und mit den Händen sein Gesäß umfassen. Probleme aus Größenunterschieden werden dadurch ausgeschlossen. Eine andere Lösung ist die Durchführung auf einer Treppe. Keine der stehenden Positionen ist besonders bekannt dafür, daß sie wesentlich zum Orgasmus der Frau beitrügen, aber sie können den Geschlechtsverkehr in die Länge ziehen.

EXOTISCHE ORTE

Stagniert das Liebesleben, kann das zum Gedanken an einen Partnerwechsel führen. Das mag vielleicht richtig sein, ist aber gesellschaftlich extrem unangenehm. Man sollte daher zunächst auf jeden Fall etwas anderes versuchen – einen Tapetenwechsel. Viele Ehepaare, die sich jahrelang im selben Bett geliebt haben, finden ihr Sexleben auf geheimnisvolle Weise revitalisiert, wenn sie Urlaub machen und bei anderen Menschen oder im Hotel übernachten. Sie mögen dies zwar der Ruhe oder der „Luftveränderung" zuschreiben, aber wahrscheinlich ist der Anblick der neuen Umgebung für die Belebung der Libido viel wesentlicher. Langeweile ist nicht nur eine Frage von Menschen, sondern auch von Räumen.

Jenseits des Schlafzimmers

Welche Möglichkeiten gibt es? Man kann das Schlafzimmer neu tapezieren und besonders darauf achten, daß es eine erotische Atmosphäre bekommt, sei es durch ein Wasserbett oder ein Pfostenbett mit Überdachung, durch Dimmer an den Lichtschaltern, Lüster, seidene Bettwäsche, purpurrote Vorhänge, dicke Teppiche, erotische Kunst, strategisch günstig angebrachte Spiegel, eine Stereoanlage oder eine Videoanlage für spezielle Filme. Hugh Hefner (der Schöpfer des Playboy-Imperiums) zieht ein kreisrundes Bett vor, um „die Runde machen" zu können. In Kalifornien kann man sich in Motels für Erwachsene (einer Art Erwachsenen-Disneyland) anregen lassen. Obwohl hauptsächlich für außerehelichen Verkehr gedacht, finden hier auch Ehepaare bei einer gelegentlichen Nacht Anregungen.

Wem all das zu weit hergeholt erscheint, der kann in anderen Zimmern der Wohnung oder des Hauses dem Liebesspiel nachgehen, etwa im Wohnzimmer oder im Bad. Das Licht des Fernsehgeräts im Wohnzimmer kann ganz romantisch wirken, und wenn man auch noch das richtige erotische Programm wählt, trägt das zum Genuß der Liebe bei. Vorteil des Badezimmers ist, daß man dort gewöhnlich nackt und sauber ist. Neben diesem offensichtlichen Vorteil sind da auch noch Spiegel für voyeuristische Reize.

Wenn man sich im Keller oder Speicher der Liebe hingibt, sollte man sich vor Spinnen, losen Nägeln und alten Stromleitungen in acht nehmen. Es wäre doch sehr unpraktisch, plötzlich durchs Dach zu segeln und im Gemüsegarten des Nachbarn zu landen. Und es sähe belämmert aus!

Liebe alfresco

Damit wären wir bei Sex im Freien angelangt. Es ist aufregend, zur Natur zurückzukehren, sich zwischen Bäumen, Blumen, Gras und Bergen, unter gelber Sonne oder silbernem Mond, beim Klang von Flüssen, Wasserfällen oder tosenden Wellen am Strand zu lieben. Man braucht nur an klassische Flitterwochenparadiese wie Niagara Falls, Hawaii, Bermuda oder die Schweiz zu denken, um sich der Bedeutung einer natürlichen Umgebung und der von den Elementen gewährten Inspiration bewußt zu werden.

Man kann unter solchen Umständen Forschungsreisen zu erhöhter Virilität unternehmen. So regt Sonnenlicht die Sexualhormone an und erhöht damit die Libido, während der Mond den „Wolf" in uns freisetzen soll und wilde Gelüste weckt. Fließendes Wasser erhöht die Konzentration negativ geladener Ionen in der Luft, was dem Allgemeinzustand und Wohlbefinden zuträglich sein soll. Das Geräusch von Wellen am Strand oder von einem Wasserfall kommt dem „weißen Rauschen" unmodulierter Frequenzen nahe, das schmerzlindernd und entspannend wirkt. Bäume verbrauchen Kohlensäure und geben Sauerstoff ab, was die Luftqualität verbessert. Doch all diese physiologischen Dinge spielen vermutlich nur eine Nebenrolle zu dem psychologischen Aufbau, den wir in einer wunderschönen, ästhetischen Umgebung erfahren.

Auch hier gibt es einiges, vor dem man sich hüten sollte: Insektenstiche, Brennesseln, Bergrutsche und Jäger, die auf alles schießen, das sich bewegt, und erst hernach prüfen, was sich bewegt hat. Auch Sand im Getriebe kann unangenehm sein. In Australien nennt man Liebe auf den Sandhügeln liebevoll „Betonmischen" – kein sehr schönes Bild, das aber jugendliche Enthusiasten dennoch nicht abschreckt. Ein abenteuerlustiger Freund aus Neuseeland behauptet, er habe seine Ehe in 3750 m Höhe auf dem Mount Cook vollzogen, was ja ganz schön und nett ist, wenn man keine Angst vor Frostbeulen hat!

Eine weitere Gefahr von Sex im Freien kann es sein, wenn man von der Polizei entdeckt wird. Unlängst wurden zwei englische Touristen zu Gefängnisstrafen verurteilt, weil sie sich an einem griechischen Strand öffentlich liebten. Offenbar hatten sich mehrere hundert Zuschauer eingefunden, bis die Polizei kam und allen den Spaß verdarb. Kein Privatmann hatte es für nötig befunden, dagegen einzuschreiten, wie das bei einem handgreiflichen Streit der Fall gewesen wäre, dennoch ließ das Gericht für das glücklose Liebespaar keine Milde walten. Als in England ein bekannter Geschäftsmann beim oralen Sex mit einer Freundin im Musikpavillon eines öffentlichen Parks ertappt wurde, zerstörte der folgende Prozeß seine Ehe. Hier wurde das Paar wegen Erregung öffentlichen Ärgernisses angeklagt, obwohl die Nacht finster und der Park für die Öffentlichkeit bereits gesperrt war; einziger Zeuge des Tuns der beiden war der Polizist, der sie im Schein seiner Taschenlampe entdeckte. In einem etwas großzügigeren Präzedenzfall haben italienische Gerichte geurteilt, daß Geschlechtsverkehr im Auto legal ist, wenn das Paar nur leidenschaftlich genug ist, damit die Fenster von innen beschlagen.

Isolierung und Risiko

Urlaubs- und Schiffsromanzen sind ein bekanntes Phänomen. Der Zauber einer neuen Umgebung scheint sexuelle Unternehmungen anzuregen, die man zu Hause nie in Erwägung ziehen würde. In bezug auf lange Kreuzfahrten gibt es das geflügelte Wort, daß junge Frauen „ihre Jungfräulichkeit an der Laufplanke abgeben". In der Tat wirkt es irgendwie befreiend, zusammen mit einer bestimmten Gruppe fern von Familie, früheren Kontakten und Nachbarschaft isoliert zu sein. Der Rest der Welt scheint zu verblassen, alte Zurückhaltungen werden aufgegeben. Schnell bahnen sich Beziehungen zu den Menschen „im selben Boot" an; Sonnenbräune, bunte Kleidung und das Freisein von Sorgen und Verantwortung führen, ebenso wie die neue Umgebung, zu sexuellen Interessen.

Gefahr kann manchmal wie ein Aphrodisiakum wirken. In einem berühmten Experiment zweier kanadischer Psychologen wurden Menschen von Interviewern entweder auf einer gefährlich schwankenden Hängebrücke oder auf einer sicheren, festen Brücke angesprochen. Die unter gefährlichen Umständen Befragten wiesen einen erhöhten Grad sexueller Attraktion und Anregung in verschiedenen Tests auf. Und wenn die attraktive Fragestellerin männlichen Befragten ihre Telefonnummer gab, „für den Fall, daß sie mehr über das Forschungsprojekt wissen möchten", rief ein höherer Prozentsatz der Männer von der

schaukelnden Brücke bei ihr an, um sie anzumachen. Ähnliche Studien belegen, daß viele, normalerweise negativ erachtete Emotionen wie Furcht oder Angst das sexuelle Erleben vertiefen können. Das könnte erklären helfen, weshalb Romanzen in Kriegszeiten so pikant sind, weshalb sich Geiseln oft in ihre Kidnapper verlieben, weshalb verbotene Liebschaften wie die von Romeo und Julia so dauerhaft sind, und weshalb Seitensprünge stärker in Erinnerung bleiben können als Sex in der Ehe.

Manche Liebespaare verspüren ein besonderes Prickeln, wenn sie unbemerkt in aller Öffentlichkeit ihr sexuelles Verlangen stillen können, sei es auf einer Parkbank oder beim Tanzen. Erleichtert wird das, wenn das Paar im Mantel ausgeht und darunter keine Hose oder überhaupt nichts anhat. Gegenüber der respektheischenden Gesellschaft „den Finger zu heben", ist ein Quell zusätzlicher Erregung. So schrieb ein junger Leser an eine Zeitschrift, er habe seine Freundin mehrmals auf der Couch geliebt, während sie mit ihren Eltern vor dem Fernseher saßen. Die Möglichkeit, daß ihre Eltern insgeheim Voyeure sein könnten, scheint ihm nicht in den Sinn gekommen zu sein.

Nacht und Tag

Viele Menschen glauben, daß es anständig und natürlich ist, bei Nacht im Dunkeln zu lieben. Welch großer Irrtum! In der Tierwelt spielt sich Sex normalerweise am Tage ab, ebenso wie Fressen oder die meisten anderen Aktivitäten. Die Nacht bleibt dem Schlaf vorbehalten. Dieses „Tagverhalten" ist bei fast allen Säugetieren zu beobachten, unsere nächsten Verwandten unter den Primaten eingeschlossen, was vermuten läßt, daß es auch für Menschen gilt. So steigt zum Beispiel die Absonderung des Triebhormons Testosteron morgens steil an und geht abends stark zurück. Daher ist es wahrscheinlich, daß unser natürlicher Liebesdrang stärker ist, wenn wir noch frisch und aktiv sind. Die Verlagerung des menschlichen Sex in die Nacht ist eine Folge kultureller Zwänge: die Gesellschaft erwartet von uns, daß wir uns tagsüber auf die Arbeit konzentrieren. Gewiß, Tiere

haben einen Instinkt, der sie veranlaßt, zur Vereinigung allein zu sein, aber der Schutz der Dunkelheit ist dabei nicht die Ideallösung.

Vielleicht wäre ein Kompromiß zwischen biologischen und gesellschaftlichen Forderungen optimal. Das Zwielicht bei Sonnenauf- und -untergang ist besonders romantisch. Rosafarbenes Licht betont die Fleischfarbe und überdeckt kleinere Makel. Wegen des Halblichts sind die Pupillen geweitet, was man als Zeichen für den Anfang sexueller Erregung nehmen kann. Da sich auch bei sexueller Erregung die Pupillen weiten, ist somit ein guter Anfang gemacht. Der frühe Abend ist vielleicht die beste Zeit, weil man nach der Tagesarbeit entspannen, essen und einen Drink nehmen kann, ehe die Intimitäten beginnen.

Sex auf Reisen

Der Werbespruch „Fly United" (Fliegen Sie vereint) der US-Luftlinie United ist parodiert worden mit dem Bild zweier Enten, die *in situ* fliegen. Daraus spricht sicher die weitverbreitete Meinung, daß Sex in sich bewegenden Fahrzeugen besonders angenehm ist. Ob das an der unterschiedlichen Beschleunigung, den regelmäßigen Stößen und Vibrationen liegt oder an dem Gefühl, Bindungen zurückzulassen, ist nicht klar – wahrscheinlich spielen all diese Faktoren eine Rolle. Das symbolische Element der zurückgelassenen Vergangenheit wird in Erica Jongs *Angst vorm Fliegen* exemplarisch abgehandelt. Die Heldin hat darin eben den Mann verlassen und fliegt nach Europa, wobei sie über dem Atlantik in der Flugzeugtoilette Geschlechtsverkehr hat und so ihr neues Leben in Freiheit beginnt.

Wer unter den extrem beengten Verhältnissen in einem Flugzeug die Liebe vollziehen kann, wird angeblich Mitglied des „Mile High Clubs". Die Entsprechung um die Jahrhundertwende war Sex im Zugabteil, was in luxuriösen, gutgepolsterten Einzelabteilen wesentlich angenehmer war. Diese Umgebung wurde als so erotisch angesehen, daß führende Bordelle in Frankreich und Österreich spezielle Zimmer wie Zugabteile einrichteten, die mechanisch in Rüttelbewegung versetzt werden und mit Zuggeräuschen beschallt werden konnten. Moderne Züge mit offenen Abteilen und Großraumwagen sind für sexuelle Erlebnisse weniger ergiebig, dafür tut sich aber in Schlafwagenabteilen einiges.

Andere beliebte bewegte Untersätze für Sex sind Autos, Taxis, Pferde, Schaukeln, Motorräder und Schaukelstühle. Junge Mädchen erleben ihren ersten Orgasmus oft, wenn sie allein auf einem Pferd reiten oder beim Abwärtsschwung auf einer Schaukel. Sitzt noch ein Partner mit auf dem Brett, kann das die Empfindungen vertiefen. Achterbahnen mit sogenannten Todesspiralen mögen unternehmungslustigen Pionieren einen Versuch wert scheinen, aber das wäre wohl eher Kamikaze-Sex. In solchen Fahrzeugen tut man gut daran, den Sicherheitsgürtel festgezurrt zu lassen. Motorräder mögen kräftiger als Pferde wirken und die Lederkleidung ein zusätzlicher fetischistischer Anreiz sein, dennoch ist zu bedenken, daß sich ein Motorrad nicht von selbst lenkt, wenn man sich in sexuelle Ekstase hineinsteigern sollte. Fellatio auf der Autobahn ist ebenfalls ein gefährlicher Sport, von dem aus Gründen öffentlicher Sicherheit abzuraten ist.

Umfrage-Ergebnisse

Wissenschaftliche Untersuchungen des sexuellen Kampfplatzes sind selten, aber unlängst antworteten Tausende von Lesern auf die Umfrage einer Zeitung, die wissen wollte, wo sich ihre Leser liebten. Die Antworten verrieten viel konservatives Verhalten, aber auch einigen Einfallsreichtum. Fast jeder Einsender hatte Erfahrungen mit Sex im Schlaf- oder Wohnzimmer, eine beträchtliche Anzahl hatte auch Auto, Badezimmer, Badewanne, Wälder, Felder und Hotels ausprobiert. Des weiteren folgten in der Beliebtheitsskala Küchen, Privatzimmer bei Parties, öffentliche Parks, Strände und Heimgärten. Etwa ein Viertel der Männer, die sich an der Umfrage beteiligten, erwähnte auch Erfahrungen im Wasser, im Büro, in öffentlichen Transportmitteln, auf Schiffen, in Kinos und Theatern, in Bordellen oder vor Zuschauern. Die Frauen waren in all diesen Punkten wesentlich weniger abenteuerlustig. Eine sehr kleine Zahl von Männern und eine noch kleinere Anzahl Frauen gab Erfahrungen auf Motorrädern, in Flugzeugen, auf Schaukeln und in Lifts an. Abgesehen von den mechanischen Schwierigkeiten, die sich bei solchem Gerät ergeben können, werden manche Menschen bei dieser Art der Fortbewegung seekrank.

Auf die Frage, wo der Sex am meisten Spaß gemacht hätte, erhielt man etwas andere Ergebnisse. Das Schlafzimmer wahrte seine Spitzenposition, aber bei Männern nicht ganz so stark wie bei Frauen. Das Schlafzimmer gaben 80% der Frauen an, aber nur 52% der Männer. Andere Lieblingsorte der Frauen waren Wohnzimmer, Wälder und Felder, Auto und Badezimmer. All diese Örtlichkeiten wurden stärker von Frauen als von Männern bevorzugt. Die Küche hingegen zogen mehr Männer (11%) als Frauen (4%) vor. Wahrscheinlich sehen sie diesen Haushaltsbereich als Symbol für Hausarbeit an oder finden den Küchenboden zu kalt oder unangenehm. Zwei Nennungen wurden nur von wenigen Männern und überhaupt nicht von Frauen gemacht: im Bordell und vor Zuschauern. Insgesamt läßt sich folgern, daß Männer und Frauen bis zu einem gewissen Grad unternehmungslustig Abwechslung suchen, wobei die Männer etwas stärker zum Ausgefallenen, die Frauen etwas stärker zum Romantischen neigen.

Einige Orte, die bei der Frage nach dem Ort, an dem Sex am meisten Spaß mache, nur jeweils einmal benannt wurden, waren: Schlamm, eine Kirche, eine Gasse, eine Toilette, ein Fensterbrett, eine Treppe, ein Geisterzug, ein Bahnhof, eine Scheune, ein Stall und eine Kaserne. 5% der Einsender gaben an, daß sie Sex so intensiv erlebten, daß sie die Umgebung vergäßen und deshalb für unwesentlich hielten.

Interessant an dieser Umfrage war auch noch der Zusammenhang zwischen dem Aussehen der Befragten und ihren Erfahrungen mit exotischen Orten. Menschen, die sich selbst als „normal" einstuften, hatten gleich viele Erfahrungen wie „attraktive" Menschen an konventionellen Orten wie Schlaf- oder Wohnzimmer. Diejenigen, die sich als attraktiv einstuften gaben jedoch mehr Erfahrungen an romantischen Orten wie Strand, Wald und Feld und in fahrenden Fahrzeugen an. Anscheinend neigen die „beautiful people" schneller dazu, dem Sex-Impuls auf der Stelle nachzugeben, ob in den Wellen am Strand oder auf einem Motorrad. Der Durchschnittsbürger zieht es vor, ins Bett zu gehen, das Licht zu löschen und dann konventionellen Abläufen zu folgen. Und zu welcher Gruppe gehören Sie?

GRUPPENSEX

Geschichten von Bacchanalen und Orgien bei den alten Griechen und Römern oder in primitiven Kulturen üben eine gewisse Faszination aus. Vor allem Männer fragen sich, wie sie unter solchen Umständen wohl abgeschnitten hätten. Aber auch viele Frauen machen sich Gedanken darüber, wie es wohl wäre, wenn sie von lüsternen, hemmungslosen Barbaren entführt würden. Gruppensex taucht in erotischen Büchern und Filmen immer wieder auf. Selbst in Gilbert & Sullivans *Pirates of Penzance* gibt es kaum Zweifel, was jene Piraten wirklich meinen, die hinter Felsen hervorspringen und die barfüßigen viktorianischen Mädchen erschrecken, um dann zu singen, das sei eine erstklassige Gelegenheit, ungestraft zu heiraten – „Here's a first rate opportunity to get married with impunity".

In der modernen westlichen Gesellschaft hat der Gruppensex

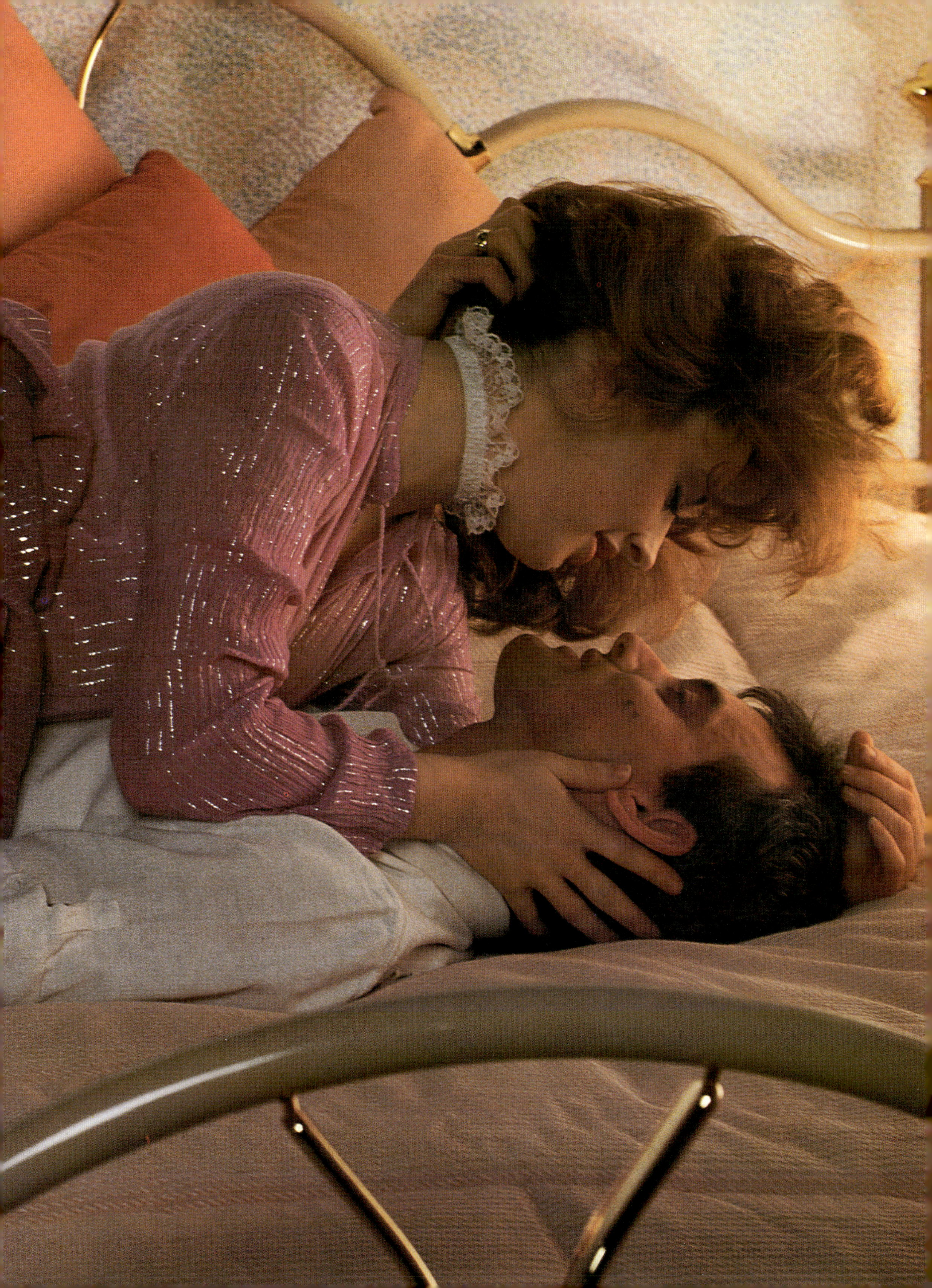

eine etwas andere Bedeutung. Er hat viel weniger vom Anschein ungezügelter Lust oder gar von Anklängen an Vergewaltigung. In Kalifornien entstand in den sechziger Jahren eine Subkultur, die sexuelles Vergnügen als Mittel gegen Streß und Aggression ansah. Versteckte „Frauentauscher“ früherer Jahrzehnte wurden bald in diese „Macht Liebe statt Krieg“-Ideologie integriert und, in Verbindung mit der aufkommenden sexuellen Gleichberechtigung, nannten sie sich nun „Swinger“. Diese Minderheitenbewegung breitete sich in ganz Amerika und den Hauptstädten Westeuropas aus. Für sie war Gruppensex moralisch gerechtfertigt als positive, gesellschaftlich bindende Kraft, die half, kindische Eifersüchteleien und Besitzansprüche zu überwinden, und mit ihnen die Spannungen, die zu Gewalt führen.

Von ideologischen Argumenten abgesehen, übt Gruppensex auch individuell eine gewisse Attraktivität aus. Er bietet optische und sinnliche Reize, die ein Höchstmaß an Erregung bewirken und nachträglich noch die Phantasie anregen. Manche Männer und Frauen, die von konventionellem Sex gelangweilt, gleichgültig oder impotent geworden sind, können von der Gruppenerfahrung revitalisiert werden. Andere lechzen dem Ereignis entgegen, nur um dabei Hemmungen wiederzuentdecken, die sie längst abgelegt zu haben glaubten, und versagen dann kläglich. Was passiert, kann man erst sagen, wenn man es versucht.

Ein weiterer Aspekt des Gruppensex ist, daß man dabei etwas lernen kann. Man braucht die Verbesserung des Liebesspiels nicht mehr nur auf Versuche und Irrtümer, Liebeshandbücher oder Empfehlungen von Freunden zu gründen. Aus der direkten Beobachtung anderer können sich nützliche Tips und Anregungen ergeben. Zu diesem Zweck ist es natürlich nicht erforderlich, einen Partnertausch vorzunehmen. Man kann einem anderen Paar zusehen und dann dessen Technik selbst anwenden. Für manche Ehepaare ist das gegenseitige Voyeurtum die bevorzugte Form des Gruppensex.

Befürworter des Swingertums behaupten, daß es die einzige Möglichkeit biete, das Bedürfnis nach einer festen Bindung und des Vertrauens in einer Zweierpartnerschaft unter einen Hut zu bringen mit dem bei vielen Menschen vorhandenen Verlangen nach sexueller Abwechslung. Vorausgesetzt man kann den ersten Schock überwinden, wenn man seinen Partner *in flagranti* sieht und mit der unvermeidlichen Eifersucht konstruktiv zu Rande kommen, dann kann man wirklich „sein Stück Kuchen essen und zugleich behalten“. Die meisten Menschen kontrollieren in dieser Situation ihre Eifersucht verstandesmäßig, indem sie sich sagen, ihr Partner „spiele“ nur und es sei keine Liebe im Spiel. Andere nützen Eifersucht und Konkurrenzdenken, um erst so richtig in Ekstase zu geraten. Natürlich besteht immer das Risiko, daß es später zum Bruch kommt. Auch kann es hier „schlechte Trips“ geben. Im übrigen ist nicht jeder so sexbegierig, daß er überhaupt Gruppensex versuchen wollte oder sollte.

Wie verbreitet ist Gruppensex? Untersuchungen der sechziger und siebziger Jahre haben ergeben, daß nur zwei bis drei Prozent der Bevölkerung Gruppensex praktizieren, obwohl beträchtlich mehr Menschen (vor allem Männer) zugaben, daran Interesse zu haben, falls sich die Gelegenheit dazu böte.

EROTISCHE WUNSCHTRÄUME

In unseren Gedanken spielt sich mehr Sex ab als in unseren Schlafzimmern. Wunschträume setzen keine Perversion voraus und sind auch nicht unbedingt symptomatisch für Eheprobleme. Fast alle normalen Männer und Frauen haben wenigstens gelegentlich Sex-Träume, auch wenn ihr Sex-Leben in Ordnung ist. Die meisten Menschen würden jedoch eher mit Fremden reden oder anonyme Fragebögen ausfüllen als ihre innersten Gedanken und Wünsche direkt Freunden, Geliebten oder Ehepartnern zu verraten. Das ist schade, denn das Sexualleben kann oft bereichert werden, wenn man seine Wünsche offen darlegt und sie ins Liebesspiel einbezieht.

Wir sind seit der mittelalterlichen sexuellen Repression einen weiten Weg gekommen. Viele frühe Autoren sexueller Wunschträume, wie etwa der Marquis de Sade (von dessen Namen die Bezeichnung Sadist abgeleitet wurde) oder der Italiener Pallavicino (der *Die Worte der Hure* schrieb), wurden eingesperrt oder wegen ihrer „unsittlichen“ Werke hingerichtet. Andere, wie etwa der viktorianische englische Aristokrat „Walter“, der sein Herz, sein „Geheimleben“ ausschüttete, blieben diskreterweise anonym.

Die Ehelosigkeit mittelalterlicher Kirchendiener erkannte die Gefahr, die der Keuschheit aus sexuellen Träumereien entstehen, die sie *delectatio morosa* nannten. Für Diakone wurde hierfür eine Buße von 25 Tagen festgelegt, für Mönche 30 Tage, für einen Priester 40 Tage und für einen Bischof 50 Tage. Will man dem Eindruck glauben, den Chaucer und Boccaccio vom Geschlechtsleben der Geistlichkeit vermitteln, ist es wohl gut, daß diese Verfehlung schwer zu kontrollieren und zu bestrafen ist – die Wahrscheinlichkeit einer neuen Verfehlung vor Ablauf der Bußfrist für die vorhergegangene muß beträchtlich gewesen sein.

Weshalb kommt es zu Wunschträumen?

Phantasie ist ein Kennzeichen der menschlichen Natur. Kinder spielen schon in frühester Jugend Phantasiespiele, reden mit unsichtbaren Spielkameraden oder verwandeln alltägliche Gegenstände in aufregende Tiere und Maschinen. Hingabe an Phantasien geschieht daher instinktiv als geistige Entsprechung für die bei kleinen Kätzchen und jungen Affen für so süß gehaltene Verspieltheit. Diese Neigung hat auch der Erwachsene noch, nur sind bei ihm die Inhalte der geistigen Spiele anders.

Sexuelle Wunschträume gibt es in den verschiedensten Arten und Formen - flüchtige Tagträume; ausgedehnte Träume, die im Schlaf zum Orgasmus führen (feuchte Träume); statische Bilder oder rituelle Abläufe. Manchmal sind es Erinnerungen an frühere sexuelle Erlebnisse, die wir uns zur Anregung ins Gedächtnis rufen. Manchmal sind es Vorstellungen, die wir uns in der Zukunft erhoffen. Manchmal befassen sie sich mit sexuellen Aktivitäten, an die zu denken uns erregt, auch wenn wir sie in Wirklichkeit für unangenehm oder unakzeptabel halten. Im allgemeinen helfen sie, unsere Wünsche klarzustellen und unser Vergnügen zu erhöhen.

Man hat einmal gesagt, „Sex ist Reibung plus Phantasie“. In der Tat gehören körperliche und geistige Faktoren dazu, wenn wir erregt werden. Wenn soziale und äußere Umstände mangelhaft sind, werden Phantasien zu Hilfe genommen. Bei der Masturbation wird zum Beispiel die körperliche Komponente selbst gestellt, also muß auch die geistige Anregung selbst bewirkt werden. Es gibt wenige Menschen, die masturbieren, ohne gleichzeitig Phantasievorstellungen zu haben.

Ähnliches trifft zu, wenn der Geschlechtsverkehr nicht optimal erregend wirkt, was häufiger vorkommt, als die meisten Menschen zugeben würden, und was daher einer der Gründe sein könnte, weshalb wir unsere Wunschträume dem Partner so ungern darlegen. Ein verheirateter Homosexueller kann mit seiner Frau möglicherweise nur verkehren, wenn er sich vorstellt, sie sei ein Mann, während der Fetischist möglicherweise beim Verkehr die Augen schließt und an Gummi denkt. Das ist auch der Grund, weshalb sich Psychologen für sexuelle Phantasien interessieren: Sie sind für sie nicht nur amüsant, sondern lassen sie anhand der sexuellen Motivation Gründe für reales Verhalten erkennen.

In den Worten der Hure gibt Mutter Creswell, die erfahrene Bordellwirtin, einem ihrer Mädchen folgenden Rat:

„Wenn du in häßlichen, unerquicklichen oder undankbaren Umarmungen festgehalten wirst, wäre es ohne die künstliche Hilfe eines Bildes schwer, jene Ekstasen vorzutäuschen, die jeder Gast für sein Geld erwarten kann. Bei solchen Gelegenheiten mußt du dir deshalb in Gedanken einen stattlichen jungen Mann vorstellen, der dir besonders gefällt und dessen Schatten bei dir größere Lust erweckt als eine abstoßende, aber wirkliche Vergnügung. Du kannst dir das Bild dieses hübschen Jungen ans Bett stellen, um dir sein Bild besser einprägen zu können, damit du jederzeit in den süßen Gedanken an ihn hineinfallen kannst, der wiederum das Herz des Vergnügungssuchenden erfreut." (Nach der englischen Ausgabe *The Whore's Rhetorick*, 1683.)

Wir Menschen sind so sehr auch geistige Wesen, daß das, was in unseren Köpfen vorgeht, uns oft mehr erregt als bloß fleischlicher Kontakt. Was uns körperlich erregt, ist sich immer ziemlich gleich, aber bei gedanklicher Anregung gibt es gewaltige Unterschiede. Wunschträume sind auf individuelle Bedürfnisse zugeschnitten. Die inneren Bilder, die aus unseren Erinnerungen, Wünschen und primitiven Gelüsten entstehen, verändern sich im Lauf der Zeit, um ihr Anregungspotential zu steigern.

Es gibt auch die Phantasievorstellung des idealen Partners – ohne Makel und Kopfschmerzen. Er oder sie sagt nie zu unseren Wünschen nein, ist sexbegierig, wahnsinnig in uns verliebt und bereit, alle unsere noch so ausgefallenen Begierden zu stillen. Auch die Phantasieumgebung ist perfekt. In Sekundenschnelle sind wir in einem türkischen Serail oder auf einem Schloß in Südfrankreich. Bewölkter Himmel und graue Straßen weichen goldenem Sonnenlicht und palmenbestandenen Stränden.

Wunschträume können Ersatz oder Kompensation sein, zum Teil verhinderte Wünsche erfüllen und eine unvollkommene Realität verschönen. Sie können aber auch für die Wirklichkeit planen helfen und uns Situationen durchspielen helfen, die wir erhoffen oder befürchten (etwa im Fall von Vergewaltigungsphantasien). In all diesen Fällen sind die Wunschträume natürlich, instinktiv und der jeweiligen Verfassung angepaßt – also nicht pathologisch oder obszön. Sie sind ein Produkt unserer Menschlichkeit, nicht unseres tierischen Wesens.

Welche Arten von Wunschträumen gibt es?

Mit Hilfe anonymer Fragebogen wurden vier Hauptgruppen von Wunschträumen ermittelt, die insofern zusammenhängen, als jemand der einer Art nachhängt, wahrscheinlich auch die anderen hat. Es sind dies: 1. **Intime** Wunschträume, Wunschträume, etwa von Liebe im Freien in romantischer Umgebung, von Verkehr mit einem geliebten Partner oder einem oder einer Bekannten, von Masturbation durch den Partner, von leidenschaftlichen Küssen und oralem Sex. 2. **Forschende** Wunschträume, etwa von Orgien, Partnertausch, vielen Partnern, oder davon, als „Jungfrau" verführt zu werden, von Homosexualität oder von Sex mit Menschen einer anderen Rasse. 3. **Unpersönliche** Wunschträume, etwa von Verkehr mit einem Fremden, vom Beobachten anderer beim Sex, vom Betrachten pornographischer Bilder oder Filme, von der Verwendung stimulierender Hilfsmittel wie Vibratoren oder Kerzen, von der Erregung durch Gummi oder Leder und von Transvestie. 4. **Sadomasochismus**, also etwa Auspeitschung, Fesselung, provozierendes Zurschaustellen des Geschlechts, Zwangsausübung oder Unterwerfung und Folterung bis zur Raserei des Partners.

Intime Phantasievorstellungen sind bei Männern und Frauen am weitesten verbreitet. Sie sind für Menschen typisch, die einen festen Partner haben mit dem sie zufrieden und in den sie verliebt sind. Forschende Wunschträume sind am zweithäufigsten. Sie sind bei Männern wesentlich beliebter als bei Frauen. Diese Wunschvorstellungen gehen mit einer hohen Libido einher oder mit einem Bedürfnis nach aufregendem, abwechslungsreichem Sex. Unpersönliche Wunschträume deuten auf eine Ausrichtung auf Fetische, Filme, Kleidung und andere indirekte Vorstellungen von Sex mit relativ wenig Interesse an Persönlichkeit und Gefühlen eines Partners hin. Diese Traumrichtung wird ebenfalls mehr bei Männern als bei Frauen gefunden, und es überrascht nicht, daß sie für sozial isolierte Männer ohne Partnerin am charakteristischsten ist. Sadomasochistische Phantasien kommen nur ganz selten vor und weisen nicht unbedingt auf ein Bedürfnis hin, durch Qual oder Gequältwerden zu sexueller Erregung zu gelangen. Die meisten Menschen, die solche Wunschträume haben, sind damit zufrieden, daß Schmerz nur im Reich der Phantasie zur Geltung kommt. Einige von ihnen betreiben harmlose kleine Spiele mit Fesselung, Sklavenspiel und Peitschen zum Nervenkitzel im Schlafzimmer, aber nur die wenigsten Männer mit sadistischen Phantasien lauern Frauen auf oder vergewaltigen sie.

Es mag überraschen, daß sadistische und masochistische Phantasien oft zusammenkommen, daß etwa jemand, der sadistische Wunschträume hat, wahrscheinlich auch masochistische Phantasien erlebt. Das widerspricht der weitverbreiteten Ansicht, beides wären entgegengesetzte Extreme. Es ist aber so, daß für Menschen, die sich für diese Bereiche interessieren, der Zusam-

menhang von Sex und Gewalt im allgemeinen das Anziehende ist. Die Beherrschung eines Partners durch den anderen ist für sie das eigentliche Stimulans – daher auch die Rituale von Bestrafung und Fesselung, das Rollenspiel Schüler und Lehrer, Arzt und Patient, Mutter und Kind etc. Da Männer von Natur aus stärker in den Kampf um sozialen Aufstieg verwickelt sind, beschäftigen sie sich auch häufiger als Frauen mit diesen Randaspekten des Sex. Wer sich nicht dafür interessiert, wird das alles als unreif betrachten. Aber ist nicht jede Art von „Spaß" sozusagen *per definitionem* kindisch?
Die weitverbreitete Ansicht, daß die Durchschnittsfrau von Natur aus etwas masochistisch und der Durchschnittsmann ein wenig sadistisch ist, entbehrt nicht der Wahrheit. Wenngleich Frauen weniger sadistische oder masochistische Wunschphantasien als Männer haben, sind sie in ihren Wunschträumen insgesamt gesehen etwas passiver als die Männer. Werden verschiedene Themen in aktiver oder passiver Form benannt, etwa „oralen Sex vollziehen" oder „oralen Sex an sich vollziehen lassen", „jemanden wie eine Jungfrau verführen" oder „wie eine Jungfrau verführt werden", bekennen sich mehr Männer zu den aktiven Formen und mehr Frauen zu den passiven. Wenn also Phantasien unsere Innenwelt widerspiegeln, dann hieße das, daß Frauen mehr dazu neigen sich zu unterwerfen, während Männer relativ aktiv sind. Man beachte aber, daß auch Männer Dinge mit sich geschehen lassen – und zwar ebenso gern wie sie die Initiative ergreifen.

Beliebte Themen bei Mann und Frau

Eine andere Möglichkeit, den Sexual-Phantasien auf die Spur zu kommen, ist die, daß man diese Phantasien in Erzählform niederschreiben läßt. Das wurde mit einer großen Gruppe von Testpersonen in England gemacht. Bei der Auswertung nach Lieblingsthemen stellte sich heraus, daß Männer hauptsächlich von Gruppensex träumten oder von Sex mit ein oder zwei Frauen oder davon, „ans Bett gefesselt und von sechs oder mehr nackten Frauen umgeben zu sein, die einen küssen, ablecken und Fellatio vollziehen". Fast ein Drittel aller Männer benannte bei der Lieblingsphantasie Elemente des Gruppensex, während dies nur 15% der Frauen taten. Frauen, die von Gruppensex träumten, bezogen dabei oft ihren Partner oder ein Element der Gewalt ein, etwa „Gruppenbums mit Hell's Angels", „von den sieben Zwergen vergewaltigt werden".
Zweithäufigstes Phantasiethema bei Männern ist Voyeurtum. Hierbei fanden sich oft Hinweise auf Kleidung wie zum Beispiel schwarze Strümpfe und Strapse, Reizwäsche, Leder oder Krankenschwesterntracht, oder auch „eine 16jährige Jungfrau, bekleidet mit einer Internatsuniform mit kurzem Röckchen, die stets ein Haarband trägt". 18% der Männer führten solch fetischistische Elemente an, Frauen praktisch überhaupt nicht. Andere typisch männliche Elemente, die mit dem Schauen zu tun hatten, waren anatomische Details, Hinweise auf Alter und Rasse der Person, sowie Beschreibungen der vollzogenen sexuellen Aktivität. Frauen nahmen nur gelegentlich Bezug auf körperliche Eigenschaften, etwa auf einen großen Penis oder einen schwarzen Partner.
Charakteristisch für Männer waren auch Sadismus und Konkurrenzneid, etwa „mit der Tochter des Chefs auf ihrem Schreibtisch Sex haben, während ihr Freund zusieht aber nichts dagegen tun kann". Oder: „Ich sähe mich gern als Internatsleiter und meine Frau als Schulmädchen, dem ich eine Lektion erteilen würde, weil sie mit sich selbst herumgespielt hat."
Die weiblichen Phantasien schlossen im größten Teil (21%) den Ehemann oder gegenwärtig Geliebten mit ein. Auch eine beachtliche Menge Männer (14%) dachten bei Sex an ihre Frau oder gegenwärtige Partnerin. Das schönste Kompliment machte dabei der Mann, der schrieb „Sex mit zwei Ausgaben meiner Frau" (eine interessante Kombination von Partnerorientierung und Gruppensexthematik).
Das zweithäufigste Thema der Frauen waren Angaben über exotische, romantische Umgebung wie Inseln, Strände, Wasserfälle, frisch gemähtes Heu, das Weltall und der Himmel (15%). Ein Beispiel: „Mein Mann liebt mich an einem einsamen Strand im Mondlicht, während uns Wellen umspielen." Viele Frauen erwähnten das Fehlen von ablenkenden Dingen (etwa Telefone oder Kinder) als wichtigen Aspekt des Vergnügens. Nur 4% der Männer träumten von romantischer Umgebung.
Ebenfalls sehr verbreitet war bei Frauen der Gedanke an Gewalt und Vergewaltigung (13%), wobei meist gemeint war, vom Ehemann, Partner oder einem bereits begehrten Mann vergewaltigt zu werden, etwa „von jemand vergewaltigt werden, den ich liebe". Ein kleiner Prozentsatz der Männer (4%) führte aus, er würde gern von jungen Frauen vergewaltigt werden und einige wenige wünschten, sich ganz einer Frau zu unterwerfen.
Im Gegensatz zur harten Behandlung stand die weibliche Phantasie von ritterlicher Aufmerksamkeit und dem Erhalt von Geschenken (4%), etwa „schön essen und trinken und angehimmelt werden und dann auf dem Teppich vor einem offenen Kamin geliebt werden". Ein ähnlicher Prozentsatz Männer wünschte sich, Frauen würden sich für sie und ihren Körper interessieren.
11% der Frauen schließlich behaupteten, überhaupt keine Wunsch-Phantasien zu haben („Ich brauche keine Phantasie, weil ich mit meinem Mann und meinem Sexleben vollauf zufrieden bin."). 5% der Männer sagten, sie hätten keine besonderen Wunschvorstellungen, während 3% sagten, sie träumten „von allem".
Eine der originellsten und egozentrischsten männlichen Vorstellungen war der Wunsch, „die Frau zu sein, mit der ich Sex habe", und der vielleicht optimistischste Wunsch war, „von Frauen begehrt werden, nachdem sie mich in Playgirl gesehen haben".

Sind Phantasien ein Zeichen für Frustration?

Es wird oft vermutet, Phantasien entstünden nur bei Menschen, denen Sexualkontakte fehlten. Das scheint nur für Männer und auch nur kurzfristig zu gelten. Männer, die sich lange nicht sexuell betätigen konnten, etwa Gefangene oder Krankenhauspatienten, weisen gegenüber sexuell aktiven Männern eine verringerte sexuelle Phantasie auf. Das gilt besonders für Männer, die in ihrer Umgebung wenig weibliche Anregung finden und die Hoffnung auf sexuelle Eroberungen aufgegeben haben. Solche Männer leiden an einer Art Depression, die wahrscheinlich mit einem Rückgang der Produktion des männlichen Hormons Testosteron zusammenhängt.
Die meisten Frauen finden es relativ einfach, längere Zeit ohne Sex auszukommen, und es gibt keine Veranlassung zu der Vermutung, alte Jungfern oder Nonnen würden beständig von sexuellen Wunschträumen geplagt. Tatsächlich haben Frauen meist dann Phantasievorstellungen, wenn sie verliebt und sexuell aktiv sind. Der richtige Mann scheint ihre Libido zu wecken.Keinesfalls mit Mangelerscheinungen oder Verzweiflung verbunden, haben meist Frauen Phantasien, die extrovertiert, unabhängig, sexy und ganz allgemein aktiv sind. Frauen mit viel Phantasie neigen eher zu außerehelichem Sex, aber nicht etwa, weil sie mit ihrer Ehe nicht glücklich

Obwohl manche Männer schon vom bloßen Anblick einer Frau erregt werden können, insbesondere wenn sie sich auszieht oder nackt ist, bedarf es bei den meisten Frauen einer längeren Vorbereitung, ehe sie erregt werden. Daher stammt der Begriff „Vorspiel", der – wie schon der Name andeutet – aus sanftem Streicheln, Küssen und gegenseitigem intimen Berühren der Partner vor dem eigentlichen Liebesakt besteht.

wären, sondern weil sie auf diesem Gebiet eine Art Forscherdrang haben. Anders gesagt, sind die Phantasien ein Ausdruck einer aktiven Libido und nicht ein Ersatz für fehlende Betätigung.

Wie kann man Phantasien nutzen?

Phantasien können uns auf etwas hinweisen, das wir einmal versuchen sollten. Wenn etwa eine Frau davon träumt, es einmal mit zwei Männern zu treiben, könnte sie diesen Gedanken in die Tat umsetzen. Es wäre sicher nicht schwer, Männer zu finden, die dazu bereit wären. Der Mann, der oft von Begegnung mit Homosexuellen träumt, könnte auch einmal den tatsächlichen Versuch unternehmen.
Phantasievorstellungen in die Tat umzusetzen, kann zwei mögliche Folgen haben: entweder geben sie dem Lebensstil eine neue Richtung und eine neue Quelle sexuellen Vergnügens, oder aber sie heilen den Träumer von seinen Obsessionen. Oft ist die Wirklichkeit eine so herbe Enttäuschung, daß der Wunschtraum für immer zerstört ist. Man muß sich das vor Augen halten: Manche Wunschträume sind nur solange aufregend, solange sie Wunschträume bleiben! In der Wirklichkeit funktionieren sie gar nicht. Natürlich müssen einige gewalttätige und sadomasochistische Phantasien ohnehin im Bereich der Phantasie bleiben, weil sie in der gesellschaftlichen Realität nicht geduldet würden.
Eine andere Möglichkeit der Nutzung von Wunschvorstellungen ist es, wenn man sie einem Partner mitteilt, um so das Liebesspiel anzuregen. Ein Gespräch über die sexuellen Vorstellungen ist die höchste Form der Kommunikation unter Partnern; es setzt großes Vertrauen und eine im wesentlichen intakte Beziehung voraus. Wenn Paare reif genug sind, ihre Phantasien als geistige Beweglichkeit anzuerkennen und nicht als Unzufriedenheit zu interpretieren, steht der Weg zu ihrer positiven Anwendung offen. Das kann bedeuten, daß man dem Partner gelegentlich eine Rolle vorspielt, sich für ihn kostümiert, Geschichten vorliest, oder beim Verkehr provozierende Kommentare ins Ohr flüstert. Für die abenteuerlustigeren kann das den Kauf von Sex-Apparaten oder die Einbeziehung anderer Personen bedeuten, die sozusagen ein lebendiges Spielzeug für das Paar werden. (Menschen, die solchermaßen „benützt" werden, sind nicht so schwer zu finden.) Eine Entscheidung gleich welcher Art, die sexuellen Phantasien zu teilen und zu nutzen, kann einer bereits glücklichen Beziehung zusätzliche Würze geben und sogar eine abkühlende Beziehung neu beleben.

HILFSMITTEL DES LUSTGEWINNS

Manche Menschen geben damit an, daß sie den Sex gern „einfach und simpel, auf-ab, auf-ab und ohne Extras" haben. Das mag ja für Personen, die einfach und simpel sind gut und schön sein. Wahrscheinlich nehmen sie ihr Essen auch ungewürzt zu sich und sind auch sonst durchschnittlich und konventionell. Andere, wählerischere Menschen haben sexuelle Gelüste die nicht nur darauf hinauslaufen, „so schnell wie möglich die Tür zu füllen", sondern mit Alex Comforts Worten wie „Gourmets" zu Werke gehen. Diese Kenner wissen, daß die Vergnügungen der Venus ausgekostet, nicht verschlungen werden sollten, und daß die kleinen Dinge am Rande dem Geschlechtsverkehr erst die richtige Würze geben. Oder nehmen wir das Theater: Dekoration, Kostüme, Requisiten, Beleuchtungseffekte und Timing tragen wesentlich zum Gelingen des Zusammenspiels der Akteure bei. Das gleiche gilt für Sex.

Erotika

Es gibt Forschungsergebnisse, die vermuten lassen, daß die beliebteste Reizbeschäftigung im Schlafzimmer das Betrachten von Sex-Büchern, -Zeitschriften und -Filmen ist. Über ein Drittel aller Männer und Frauen machen diesbezügliche Angaben, auch wenn sie keine näheren Angaben über ihren Lesestoff machen. Manche lassen sich sexuell erregen von grellen Geschichten über Frauenschänder, Entgleisungen von Geistlichen und vollbusigen Pin-up-Bildern. Auch eindeutige Szenen in den meisten modernen Bestsellerromanen werden solchermaßen genutzt. Andere legen eine Privatsammlung pornographischer Materialien an (Sex-Hefte aus Skandinavien oder erotische Klassiker wie *Fanny Hill* oder die *Geschichte der O*), um darin vor dem Verkehr zu schmökern. Im wesentlichen dienen Erotica dem bei vielen Leuten vorhandenen Drang nach Abwechslung, ohne eine Bedrohung für die Partnerschaft darzustellen.
Man hat lange geglaubt, daß Männer von Pornographie, speziell von bildhafter Pornographie, stärker angeregt würden als Frauen. Diese Ansicht ist nicht ganz falsch, da sie aus der biologisch unterschiedlichen Natur von Mann und Frau abgeleitet ist. Neuere Untersuchungen haben jedoch ergeben, daß das Desinteresse von Frauen an Pornographie zum Teil daher kam, daß das zur Verfügung stehende Material unzulänglich war – schlechte, statische Nacktfotos, Nahaufnahmen von Genitalien und gestellter Verkehr. Man weiß jetzt, daß Männer oft schon vom bloßen Anblick einer nackten Frau oder einer rein anatomischen Darstellung des Koitus erregt werden können, daß diese Reize einer Frau jedoch nicht genügen. Filme, in denen Liebe aktiv vollzogen wird, komplett mit Geräuschen und Gesprächen und unter freudiger Teilnahme der Frau, erregen sehr viele Frauen. Filme, die wenigstens einen Hauch von Handlungsgerüst aufweisen und in denen die Beziehungen zwischen den Personen einigermaßen klargelegt werden, ehe die sexuellen Handlungen beginnen, wirken auf Frauen im allgemeinen stärker stimulierend als Filme, in denen nur einfach drauflosgebumst wird.
Im Vergleich der Sexualität von Mann und Frau wurde einmal gesagt, „die Maschinen sind ziemlich gleich gebaut, nur der Motor wird anders gezündet". Die Frauen haben einen ziemlichen Kaltstart, der für die Aufwärmphase einige Geduld erfordert. Die neue Generation der Unisex-Softporno-Filme à la *Emmanuelle*-Serie mit Sylvia Kristel spricht Frauen mehr an als vulgäre „Fleischmarkt"-Szenen. Schon so manches gehemmte oder abgeklärte Paar hat in den letzten Jahren von einem gemeinsamen Kinobesuch profitiert.
Das Aufkommen der Videorecorder war von großer Bedeutung für die Produktion erotischer Filme. Der Markt wurde nun auch beträchtlich um weibliche Zuschauer erweitert wie es sie in Sexkinos nicht gab. In der Folge werden bessere Filme mit besseren Leistungen verlangt. Spezialinteressen wie Leder, Fesselung, Peitschen, Wassersport usw. werden zwar immer noch bedient, aber weniger in Filmen als in Zeitschriften. Es bedarf wohl nicht mehr des Hinweises, daß dieser Markt fast ausschließlich Männern vorbehalten ist.
In den letzten Jahrzehnten kamen vermehrt frauenorientierte Romane mit immer häufigeren sexuellen Episoden und Eskapaden auf den Markt. Man wußte ja schon sehr lange, daß Frauen gern romantische Romane lesen und diese auch besser schreiben als Männer. Die vereinten Kräfte größerer Freizügigkeit und gesteigerten „Selbstbewußtseins" der Frau haben dafür gesorgt, daß Frauenromane zunehmend eindeutiger wurden, und es besteht kein Zweifel, daß sich Frauen daran delektieren. In Kalifor-

Kleidung kann starke erotische Reize ausüben, daher sollte man nicht überstürzt zur Sache gehen. Genießen Sie es, ziehen Sie die Kleidung langsam und sanft aus.

Ein unbefriedigender Liebesakt ist oft die Folge allzugroßer Eile, bei der sich der Partner (die Partnerin) nicht gut auf Sie einstellen kann.

nien sieht man viele Frauen beim Sonnenbaden, die *Angst vorm Fliegen* oder einen ähnlichen Bestseller lesen und sich vor Beginn der abendlichen Aktivitäten ihre Gedanken machen.
Wem käufliche Erotika nicht zusagen, der muß sich seine eigenen machen. Die einfachste Art des persönlichen Porno ist sofortiger Feedback durch strategisch angebrachte Spiegel an Schlafzimmerwänden oder -Decke (oder Verlagerung der Aktivität in ein so gut mit Spiegeln ausgestattetes Zimmer wie das Bad). Polaroid-Kameras wurden in jüngster Zeit häufig als erotische Hilsmittel benützt, weil man das Ergebnis fast sofort sieht und es für das Entwickeln keinen Eingriff in die Privatsphäre gibt. Wer eine eigene Dunkelkammer hat, kann sich mit Kamera, Stativ und Langzeitbelichtung auch eine Menge Spaß bereiten. Wer jedoch die ekstatischsten Augenblicke auf Film festhalten will, der sollte sich des Charakters seines Partners völlig sicher sein. Derartige Bilder sind schon von Erpressern mißbraucht oder als Beweise bei Gericht verwendet worden.

Kleidung

Jeder weiß, daß verpackte Geschenke aufregender sind als unverpackte. An Weihnachten liegt der halbe Spaß des Beschenktwerdens in den vielfarbigen Verpackungen, Bändern und Schleifen. Ähnlich ist es um die sexuelle Erregung bestellt. Nacktheit ist selten absoluter Erreger. Ein provokativer Ausschnitt, eine durch Nachtwäsche durchscheinende Brustwarze, das Element der Spannung von enger Kleidung, Leder oder Elastik, oder die absichtlich langsame Enthüllung verborgener Reize wirken wesentlich erregender. Diese Reaktionen wurzeln in Instinkten, die von erlernten Kenntnissen und Symbolen verstärkt werden. Psychologen akzeptieren erst allmählich, daß fetischistische Tendenzen weitverbreitet, ja fast universell beim Mann in Erscheinung treten.
Puritaner fürchten Nacktheit, weil sich an ihr Gelüste entzünden könnten. Dennoch könnten Adam und Eva das Feigenblatt auch umgebunden haben, um nachlassende Leidenschaft anzuheizen. Wenn die Polizei einen Flitzer verhaftet oder wenn Anti-Pornographie-Kampagnen zu einschränkenden Gesetzen führen, werden nicht nur die Zuschauer vor kurzzeitiger Erregung geschützt, sondern paradoxerweise auch die Möglichkeit zukünftiger Erregung dieser Menschen. Alle Gesellschaften wählen eine Tabuzone des Körpers, die um des Anstandes willen bedeckt werden muß. Obgleich diese Zonen von Ort zu Ort und von Zeit zu Zeit unterschiedlich sind, bedeutet das Vorhandensein dieser erogenen Zone und die Möglichkeit, dort Kleidung zu entfernen, daß diese Zone die Macht behält, Gelüste zu wecken. Fast jeder dritte Mensch gibt zu, während des Liebesakts Kleidung zur Anregung zu verwenden.
Die instinktive Basis fetischistischer Tendenzen wird in der Tatsache gesehen, daß nur bestimmte Gegenstände und Empfindungen als erregend bezeichnet werden. Objekte fetischistischer Erregung haben meist starke geschlechtsspezifische Anklänge, etwa Unterwäsche, Strapse oder Stöckelschuhe. Materialien wie Gummi, Leder, Pelz oder Seide haben entweder sadistische oder feminine Konnotationen. Es ist kein Zufall, daß sie sich fleisch- oder haarähnlich anfühlen und deutliche elektrostatische Eigenschaften besitzen (eine wichtige Basis für den Kitzeleffekt). Bestimmte Farben tauchen immer wieder als besonders beliebt auf (schwarz, rot, rosa, weiß und einige Kombinationen und Kontraste dieser Farben), ebenso bestimmte Gerüche (etwa Moschus und Frühlingsblumen). Unsere sexuellen Anklänge sind also nicht willkürlich, sondern nahe bei den vermuteten „innewohnenden Auslösermechanismen" menschlicher Sexualität (doppelt vorhandene rosafarbene Fleischhalbkugeln, wie etwa Brüste und Po-Backen, das schwarze Schamhaar in Dreiecksform und die unter Armen und in der Scheide produzierten Fettsäuren). Männer sprechen stärker auf diese Stimulanzien an als Frauen, weil auch in der Wildnis normalerweise der Mann den Sexakt einleiten muß, indem er spontan erregt wird.
Angelernte Kenntnisse sind für sexuelle Erregung jedoch ebenfalls von Bedeutung. Beweise für die Bedeutung von Erlebnissen in der Kindheit sind in der Tatsache zu sehen, daß Kinderpuppen und Schnuller relativ oft als Fetische auftauchen und ziemlich viele Männer gerne als „böse Buben" behandelt und von einer strengen „Mutter"-Figur bestraft werden. Man hat vermutet, daß Frauenschuhe zum beliebten Fetisch werden, weil sie mit dem Kind im Kriechalter auf derselben Ebene erscheinen.
Ein weiteres kritisches Alter zum Erlernen fetischistischer Anklänge ist die Pubertät, wenn die Sexhormone ihren Einfluß auszuüben beginnen und sich die ersten sexuellen Erlebnisse in Gedanken festsetzen. Daher finden viele Menschen Sex am aufregendsten unter im wesentlichen unbequemen Umständen, etwa hinter dem Fahrradschuppen, auf einem Heuhaufen oder auf dem Rücksitz eines Autos. Die sexuelle Bedeutung dieser Örtlichkeiten ist keine Folge biologischer Instinkte, sondern entspringt kritischen, formativen Erlebnissen aus einem Lebensalter, in dem man besonders zu beeindrucken ist. Wie sich unsere frühesten Partner anziehen und darstellen, kann ähnlich langanhaltende Wirkungen haben, weshalb Schulbekleidung, Ponyfrisur, Teenagerkleidung oder Krankenschwesterntracht eine sexuelle Bedeutung erlangen können.
Man hat oft auf den Unterschied zwischen Mode und Fetischismus hingewiesen. Modische Kleidung ist ein Mehrheitsinteresse von minimaler erotischer Bedeutung, während fetischistische Kleidung von dauerhafter erotischer Faszination für eine Minderheit bleibt. Kleider, die in einer Ära modisch waren, werden für manche Menschen der nächsten Generation Fetischgegenstände. So waren etwa im 19. Jahrhundert enggeschnürte Korsetts ein Zeichen für die sexuell abenteuerlustige Frau, wandelten sich im 20. Jahrhundert zum modischen Hüftgürtel, interessieren in der ursprünglichen Form aber noch eine Minderheit von Fetischisten. Strümpfe mit Strapsen trugen einst alle modebewußten Frauen. Aber seit sie durch Strumpfhosen ersetzt wurden, haben sie eine klare erotische Bedeutung bekommen. Bis zu ihrer Wiederentdeckung durch junge Modemacher wurden sie fast ausschließlich in Sexläden verkauft. Es ist auch kein Zufall, daß seidene Damenschlüpfer, wie sie in den zwanziger Jahren weitverbreitet waren, nun wieder in einschlägigen Unterwäschekatalogen auftauchen.
Weiße Handschuhe, wie sie Frauen zum Abendkleid tragen, erregen manche Männer. Sie werden in Beziehung gebracht zu Hüten, hochhackigen Schuhen und Handtaschen, die auf die Extremitäten der „reifen Frau" hinweisen. Frauen, die nichts anderes als diese Außenumriß-Symbole anhaben, können besonders aufreizend wirken. Man erzählt sich von der Frau, die zu einem vornehmen Kostümball ging, nur schwarze Schuhe und Handschuhe anhatte, Arme und Beine ausstreckte und behauptete, sie sei die Pikfünf!
Gummi ist ein Material, das bis zum Aufkommen von Plastik um 1950 weite Verbreitung als Bekleidung und Nässeschutz fand. Das Ergebnis ist wieder ein harter Kern von Gummi-Enthusiasten (mittleren Alters) und eines Markts für Gummiregenmäntel und Schürzen, Planen, sowie enganliegende Bekleidung, deren Motivierung im wesentlichen erotischer Natur ist. Es gibt sogar einen Club, die Mackintosh Society, die auf verschiedene Art und Weise dem Gummifetischismus huldigt,

Während normalerweise Frauen ein langes Vorspiel schätzen, können auch Männer dessen Nutznießer sein.

Man kann das Vorspiel so lange betreiben wie es beiden Partnern vor der tatsächlichen Vereinigung angenehm ist. Bis zu einem gewissen Punkt erhöht ein verlängertes Vorspiel die Begierde, aber es gibt keine Regeln dafür, welche Dauer „normal" ist. Darüber läßt sich nur individuell von den Beteiligten entscheiden. Das gleiche gilt für den Liebesakt. Für manche ist er ganz schnell vorbei, bei anderen dauert er länger. Solange beide Partner befriedigt werden, spielt die Zeit keine Rolle.

etwa indem sie Grillparties veranstaltet und hofft, daß es dabei regnet. Einige Gummifreunde kleiden ihre Frauen gern in Gummi, andere ziehen es vor, den Gummi selbst auf der Haut zu spüren. Ist der Körper von Gummi umgeben, erwärmt er sich rasch und aus der Interaktion von Körper und umgebender Hülle entsteht ein charakteristischer Duft. Für manche Gummifreunde ist das der spezielle Reiz. Die Gründe dafür sind eher rätselhaft. Gefäßerweiterung, Pheromone, elektrostatische Aufladung, Prägung durch den Geruch von Kondomen und Spannungen zwischen den widersprüchlichen Gefühlen für Sicherheit und Bedrohung, all das wurde in einschlägigen Veröffentlichungen angeführt, um wenigstens teilweise die erotischen Anregungen einer kleinen Minderheit von Enthusiasten zu erklären und zu legitimieren.
Ähnlich wie Leder und PVC ist Gummi fleischähnlich und elastisch. Glänzendschwarz ist die Lieblingsfarbe bei diesen Materialien, weil diese Farbe an Sünde, Gefahr, Sadismus und Schamhaare erinnert. Es überrascht nicht, daß rosa die nächste Lieblingsfarbe bei Gummi- und Plastikkleidung ist. Sind diese Stoffe dünn genüg, schmiegen sie sich eng an den Körper dessen, der sie trägt, betonen seine Konturen und verleihen ihnen ein „nasses Aussehen". Gerade dieser letzte Punkt macht Kleidung aus solchem Material heute ziemlich universell interessant und modisch. Spezielle „Heimtextilien" wie etwa enganliegende Trikots mit Öffnungen für Genitalien und Brustwarzen können aus Spezialkatalogen bestellt, in Sex-Shops von der Stange gekauft oder von speziellen Herstellern, die für die Filmindustrie und den Privatsammler arbeiten, als Spezialanfertigung geordert werden.

Geräte

Noch bis in jüngste Zeit galten Menschen, die mechanische Geräte in Zusammenhang mit dem Liebesspiel verwendeten, als pervers, ja sogar als krank. Heute sind Vibratoren weitverbreitete Schlafzimmerspielzeuge und haben das Siegel ärztlicher Billigung, da sie von Sextherapeuten zur Behandlung von Orgasmusschwierigkeiten und Impotenz empfohlen werden. Etwa jeder fünfte benützt mechanische oder sonstige Gegenstände, um sexuelle Erfahrung und Leistung zu verbessern.
Gliedähnliche Gegenstände der verschiedensten Art wurden schon zu allen Zeiten von Frauen zur Befriedigung verwendet, wie schon in der Bibel angedeutet wird („Du nahmst deine ... Schmucksachen, ... machtest dir männliche Götzenbilder daraus und buhltest mit ihnen." – *Ezechiel* 16, 17). Als Gegenstände, die bevorzugt in die Scheide eingeführt werden, gelten Bananen, Gurken, Kerzen, Reagenzgläser (in Schullabors) und Bürstenstiele. Man kann sich leicht vorstellen, was Freudianer aus dem Titel des Disney-Films *Bedknobs and Broomsticks* (Bettpfosten und Besenstiele; der deutsche Titel ist harmloser: „Die tollkühne Hexe in ihrem fliegenden Bett") machen würden. Manche Frauen bevorzugen die unebenen Maiskolben, während wieder andere auf Weinflaschen schwören, weil deren sich erweiternde Form optimale Anpassung für Breite und Stoßtiefe ermöglicht. (Die Flasche muß allerdings verschlossen sein, weil die Saugkraft des sonst möglicherweise entstehenden Unterdruckes eine unerwünschte Hysterektomie zur Folge haben könnte.)
Für Körpermassagen hergestellte Vibratoren sind schon seit Jahrzehnten auch für sexuelle Freuden zweckentfremdet worden. Die großen Handmassagegeräte zur Erleichterung rheumatischer Schmerzen und Beschwerden und die Massagegürtel zur Gewichtsabnahme können sehr erregend sein, wenn sie strategisch zwischen die Beine eingebracht werden. Heute haben viele Menschen „persönliche Vibratoren", die wegen ihrer phallischen Form ganz offensichtlich Sexspielzeuge sind. Es gibt sie nicht nur in Form des männlichen Glieds. Manche haben auch eine Art „Daumen" um gleichzeitig den After zu massieren, manche bewegen sich vor und zurück, um Gliedbewegungen vorzutäuschen. Eine neuere Entwicklung besteht aus einem Vibrationskästchen, das mit Gummiringen an den Fingern befestigt wird und so die Vibrationen richtig über die Haut der Fingerspitzen auf die Genitalien überträgt. Eine ähnliche Vorrichtung läßt sich über den Penis streifen, um der Klitoris zusätzliche Reize zu übermitteln und das Glied in vibrierende Bewegung zu versetzen.
Es gibt auch eine Reihe Kleingeräte, die Frauen unauffällig unter der Kleidung tragen können. Sie werden entweder durch die normale Bewegung oder durch einen elektrischen Schalter aktiviert. „Liebesperlen" sind zwei mit einer Schnur verbundene Kugeln, die zur langfristigen Stimulierung in die Scheide eingeführt werden. Das Sex-Ei (eine Marke heißt „Angel's Delight" – Engelsfreude) ist ein größerer, eiförmiger Vibrator mit Batteriebetrieb, der außen an die Scham oder verschieden tief in der Scheide plaziert werden kann.
Die phallusförmigen Vibratoren befinden sich oft in einem Plastiketui, das wie ein Penis aussieht. Sie sind so realistisch gemacht, daß zum Gefühl bei der Anwenderin auch die entsprechende Phantasievorstellung kommen kann. Die Phallusgrößen, die in Sexläden aufgestellt sind, würden die meisten Männer beschämen. Oft sehen sie richtig einschüchternd aus, aber ihre Hersteller orientieren sich vermutlich an den Wünschen ihrer Kundschaft.
Manche Ersatzpenisse sind mit Gürteln versehen, so daß man sie zu simuliertem Verkehr umbinden kann. Anders als die meisten Männer vermuten, werden diese Apparate weniger von Lesbierinnen verwendet als von heterosexuellen Frauen oder von Männern, die nicht die Größe, Potenz oder Durchhaltekraft für ihre Partnerin haben. An einigen Modellen befinden sich Hodensäcke, die mit warmer Flüssigkeit gefüllt werden können. Zu einem geeigneten Zeitpunkt wird sie durch den Phallus in die Vagina gespritzt, um einen Samenerguß vorzutäuschen.
Es gibt auch spezielle Vibratoren für den After. Sie haben einen kleineren Durchmesser und, damit sie nicht im Enddarm verschwinden können, haben sie oft ein Querstück wie einen Schwertgriff, der die Tiefe des Eindringens begrenzt. Geschichten von Ärzten, die von Fremdkörpern in den Aftern ihrer Patienten berichten, sind anekdotenhaft: Angeblich soll einmal ein Mann seinen Arzt gebeten haben, den Vibrator nicht zu entfernen, sondern nur die Batterien zu wechseln.
Zu den einfallsreichen Apparaten für männliche Masturbation gehören Plastikscheiden, Torsos, ja sogar lebensgroße Aufblaspuppen mit eingebautem Vibrator. Unter Zuhilfenahme von Gleitmittel führen sie eine Art Saugbewegung durch, die die Männer meist zum Orgasmus bringt. Die realistischsten Puppen haben Haare auf dem Kopf und der Scham, sind sexy angezogen, haben für die Fellatio präparierte Lippen, und ein eingebautes Tonbandgerät sorgt für lustvolles Stöhnen.
Die Entwicklung von Vibratoren hat stark von der wissenschaftlichen Forschung der letzten Jahre profitiert. So haben etwa schwedische Neurologen herausgefunden, daß für die meisten Menschen sechzig Schwingungen pro Sekunde optimal sind. Nur wenige Frauen reagieren überhaupt, wenn die Schwingungsgeschwindigkeit stark von diesem Wert abweicht. Man hat auch festgestellt, daß die empfindlichsten Körperstellen dort sind, wo Schleimhäute in normale, trockene Haut übergehen. Deshalb führen die wenigsten Frauen Vibratoren in sich ein, sondern streichen mit ihnen über Schamlippen und Klitoris.

Manche Männer brauchen sehr lange, bis sie begreifen, daß Frauen die Scham gern außen stimuliert bekommen. Die männliche Phantasie richtet sich aufs Eindringen, aber für die Frau bringt dies nicht unbedingt das optimale Vergnügen.
Man muß keine Probleme haben, um an einem Vibrator Gefallen zu finden. Sie finden auch Anwendung in der Medizin, etwa zur Behandlung des Vaginismus oder zur Initiierung des Orgasmus bei frigiden Frauen. Sie können auch als „Tröster" verwendet werden, wenn der Partner freiwillig oder unfreiwillig, vorübergehend oder ständig abwesend ist. Manche Paare schenken sich gegenseitig Vibratoren als Abschiedsgeschenke, um außereheliche Affären in Perioden erzwungener Trennung zu vermeiden. Aber Vibratoren sind glücklicherweise auch zur Steigerung des Liebesspiels gut, sei es, um den langsameren Partner anzumachen und den Orgasmus besser zu koordinieren, um ein müdes männliches Glied zu reaktivieren, um ein unbeendetes Geschäft zu Ende zu führen oder ganz einfach, um viel Spaß zu haben.
Ein Hilfsmittel zur Förderung der männlichen Potenz sind die stark überteuerten Penisringe aus Gummi, die man in Sexläden findet. Über das untere Ende des erigierten Penis gestreift, verlängern diese Ringe die Erektion, weil sie den Blutabfluß verhindern. (Erektionen werden ja bekanntlich „hydraulisch" durch Einfließen von Blut in die Schwellkörper bewirkt.) Gefährlich wird dieses Hilfsmittel, wenn man es zu eng oder zu lange anlegt, weil dann Adern platzen können.
Ein anderes Prinzip gilt für den Blakoe-Ring. Er besteht aus einem Ebonit (Hartkautschuk)-Ring, der fest, aber nicht zu fest um das Glied und die Unterseite der Hoden herumgelegt wird. Eine Reihe kleiner Metallplättchen berührt die säureabsondernde Haut rings um die Genitalien und erzeugt so einen minimalen, beständigen elektrischen Fluß. Der Erfinder, der Anatom Robert Blakoe, behauptet, daß ständiges Tragen des Rings die Durchblutung der Genitalien und die Produktion männlicher Hormone und Spermien in den Hoden anregt, was Potenz und Fruchtbarkeit fördert. Erste klinische Voruntersuchungen scheinen anzudeuten, daß Männer mit Potenzschwäche (schwache oder seltene Erektion) mit diesem Hilfsmittel eine Besserung erzielen. Es ist jedoch nicht klar, ob die Wirkung physiologischer oder psychischer Natur ist.

Sadomasochistische Praktiken

Ziemlich viele Menschen finden Gefallen an Rollenspielen, bei denen es gewöhnlich um Phantasien von übertriebener Dominanz und Unterwerfung geht. Man nennt diese Methoden der Luststeigerung S & M, S-M oder Sadismus und Masochismus, auch als „Sklave und Meister" bekannt. Beliebte Rollenverteilungen sind Eltern und Kind, Lehrer und Schüler, Arzt und Patient, Vergewaltiger und Opfer, Prostituierte und Kunde, Gefängniswärter und Gefangener, Römer und Sklave. Bevorzugte Techniken der Disziplinierung und Bestrafung sind Fesselung, Demütigung, Besudelung, Schlagen und Peitschen. Standardausrüstung sind Stricke, Ketten, Stöcke, Handschellen, Peitschen und Keuschheitsgürtel.
Es ist nicht richtig, diese Interessen als krankhaft einzustufen und anzunehmen, sie müßten sich von Mal zu Mal steigern und in Brutalität, verbrecherischem Sadismus oder Mord enden. Die meisten S-M-Anhänger sind eher harmlose, normale Menschen, die ihre Spiele in engen Grenzen spielen und sich nie so weit gehen lassen, daß sie Anzeichen echten Schmerzes beim Partner überhören oder übersehen würden. Der Sklave ist freiwillig am Vergnügen beteiligt. Er ist kein echtes Opfer und bekommt meist mehr Lustgewinn als derjenige, der den Herrn spielt.
Eine andere falsche Vorstellung ist es anzunehmen, S-M nutze ausschließlich Frauen aus und demütige sie. Männer finden ebensosehr Gefallen an der unterwürfigen Rolle wie Frauen, und gewöhnlich wechseln sich die Partner in der Meister- und Sklavenrolle ab. Besonders stark zu sadomasochistischen Praktiken hingezogen sind masochistische Männer, was sich an der Fülle pornographischen Materials ablesen läßt, in dem eine „Domina" mit Stiefeln und Peitsche vorkommt. Eine stattliche Anzahl Frauen hat es sich zur Karriere gemacht, erwachsene Männer zu züchtigen (die größtenteils normale Ehemänner und erfolgreiche Geschäftsleute sind). In Kalifornien gibt es ein ganzes Schloß voller Folterkammern, in denen Männer mit dieser Neigung ein Geschäftswochenende verbringen können. In England gibt es einen Club für S-M-Freaks mit dem euphemistischen Namen „Cooperative Motivation Research" – Gemeinsame Motivationsforschung: Auch hier stellen masochistische Männer die Mehrheit.
Es gibt viele Theorien, warum Menschen Lustgewinn aus S-M ableiten. Eine davon ist, daß all unsere Gefühle Ähnlichkeiten zueinander aufweisen, so daß die Erregung eines bestimmten Gefühls eine Möglichkeit sein kann, das Erleben eines anderen Gefühls zu verstärken. Die Erwartung von Geschlechtsverkehr erhöht den Adrenalinspiegel, ebenso Fesselung, Schläge mit einem Stock oder der Anblick der Ehefrau, die mit einem Fremden verkehrt. Schmerz, Angst und Zorn können in sexuelle Erregung so assimiliert werden, daß sie diese verstärken. Das hilft erklären, weshalb „verbotene Früchte" so viel verlockender sind als die frei verfügbaren.
Aber das ist nur ein Teilaspekt. Es gibt stets viele Faktoren, die zusammenwirken. Schlagen kann zum Beispiel einen direkten physiologischen Effekt haben, indem es Blut aus dem Gesäß in die Genitalien treibt und so eine Erektion oder Erregung der Klitoris fördert. Es kann auch an Kindheitserinnerungen von Strafen erinnern, die eine sexuelle Bedeutung entweder aus dem Strafritual selbst ableiten (z. B. Hose herunterziehen und vornüberbeugen) oder aus dem Grund für die Bestrafung (Masturbation oder sexuelle Neugier). Auch das Anziehen enganliegender Hosen, das Anlegen eines alles umschließenden Regenmantels oder der Zwang, am Boden zu kriechen, können an eine Zeit erinnern, in der das Kind sicher unter der dominierenden Aufsicht der Mutter stand und doch schon Elemente sexueller Bewußtwerdung erlebte. Die Häufigkeit, mit der infantile Gegenstände und Aktivitäten in den bizarreren Formen des Masochismus auftauchen, läßt stark vermuten, daß Kindheitserlebnisse die Wahl unserer Sexualpartner beeinflussen.
Der Psychoanalytiker Robert Stoller glaubt, daß jede sexuelle Anregung von Bruchstücken unbewußter Feindseligkeit ausgeht, und daß sexuelle Handlungen einen „Racheangriff" für demütigende Erlebnisse in der Kindheit darstellen. Obwohl man diese Theorie nicht allzu wörtlich nehmen muß, ist die Ähnlichkeit zwischen Verkehr und Kampf doch eindrucksvoll (Kinder verwechseln sie ständig). Neurophysiologen sagen, daß die Instinkte von Sex und Aggression viele der gleichen Gehirnstränge und Hormonauslöser teilen. Einige Tierweibchen müssen gejagt und in den Hals gebissen werden, um zum Eisprung zu kommen. Ebenso scheint ein gewisses Moment der Aggression ein integraler Bestandteil des Liebesspiels von Säugetieren zu sein. Das spielerische Jagen und Kämpfen, Kratzen und Beißen, dem sich menschliche Liebende vor und während des Geschlechtsverkehrs hingeben, hat daher Quellen in der Evolution, deren natürliche Grenzen schwer abzuschätzen sind, so daß es nicht viel braucht, um Vergewaltigung und Beherrschungsphantasien als ebenfalls von solchen Instinkten abgeleitet zu betrachten.

Ein weiteres Element der Motivation für S-M könnte der Versuch sein, unsere Ängste in den Griff zu bekommen. Manche Bergsteiger geben zu, daß sie Höhenangst und Angst vor dem Abstürzen haben, paradoxerweise aber Berge besteigen, um diese Ängste zu bekämpfen. So ist auch der Mann, der es so einrichtet, daß seine Frau vor seinen Augen Verkehr mit einem anderen Mann hat, sicher nicht frei von Eifersucht. Wahrscheinlicher ist es, daß er versucht, seine schlimmsten Ängste zu überwinden, indem er sich ihnen frontal stellt. Das ist eine anerkannte klinische Methode zur Behandlung von Phobien, die sogenannte „Implosionstherapie". Da die Situation absichtlich herbeigeführt worden ist, kann das „Opfer" mit seinen Gefühlen experimentieren, während es über den Ablauf des Ganzen eine gewisse Kontrolle behält. Es kann sich sogar die bittere Pille versüßen, indem es die eifersüchtige Erregung auf sexuelle Erregung überträgt.
Das am Sadomasochismus besonders wichtige Element ist die rituelle und magische Bedeutung. Ein Ritual verlangsamt das Tun, so daß sich die Erregung langsam aufbaut und zu neuen Dimensionen der Ekstase führt. Beschränkung, Prüfung und Kasteiung bieten die Befreiung von Schuld und dehnen die Grenzen des Bewußtseins aus, etwa bei Yoga und religiösen Feierlichkeiten. Auch bei den Formen der „Magie" werden historische Ausstattung, Kapuzen und Roben, Prüfungen und Zaubersprüche, schummrige Beleuchtung und Musik, drohende Bilder und Geräte verwendet, die die Phantasie anregen und eine Atmosphäre der Unwirklichkeit schaffen sollen. Bei Befehlen, Fesselung, Ängstigung und leichter Schmerzverursachung enthebt der „Meister" den „Sklaven" seiner Verantwortung und vermittelt neue Kräfte und transzendente Erfahrungen, die Parallelen zu den Erfahrungen der Mystiker aufweisen. Solche bewußtseinserweiternde Vorgänge mit Begriffen der Psychopathologie abzuhandeln ist ungerecht. Menschen haben von Natur aus einen starken Forscherdrang. Und der bezieht sich nun einmal stets auf die geistige wie auf die körperliche Geographie.

Aphrodisiaka

Die Suche nach Substanzen, die Libido und Virilität fördern, ist lange, eifrig und fast so ergebnislos unternommen worden wie die Suche nach dem Stein der Weisen. Die meisten Nahrungsmittel und Gewürze, denen man sexuelle Verjüngungskraft nachsagt (Ginseng, Knoblauch, Ingwer, Vanille, Sarsaparillwurzel, Lakritze, Passionsblume, Kürbiskerne, Betelnüsse, Vitamin E, Kaviar und Austern), ist keine eindeutige Auswirkung auf sexuelle Leistungskraft nachzuweisen, abgesehen davon, daß sie gesunde Ergänzungen der Ernährung sind.
Das männliche Sexhormon Testosteron stellt sexuelles Interesse bei Männern wieder her, denen es daran (etwa wegen Kastration oder fortgeschrittenem Alter) mangelt, aber es zeigt auf den normalen Mann keinerlei Wirkung. Männliche Hormone erhöhen bei den meisten Frauen die Libido, aber wegen der Gefahr einer Maskulinisierung (z. B. Haarwuchs am Kinn) empfehlen Ärzte eher eine äußere Anwendung von Testosteron auf der Klitoris. Das erhöht Lustgefühl und sexuelle Bereitschaft der Frau ohne Gefahr von Nebenwirkungen. Eine Östrogentherapie kann hingegen zum Aufrechterhalten der sexuellen Funktionsfähigkeit der Frau auch noch nach den Wechseljahren nützlich sein.
Bestimmte Drogen wie Meskalin, Kokain, Marihuana oder Amylnitrit können das sexuelle Erlebnis verstärken (wie sie jedes Erlebnis von Musik bis Farbe, von Angst bis Trauer verstärken). Aber sie bergen große Gefahren in sich, und man läuft bei ihrer Anwendung zudem Gefahr, verhaftet und eingesperrt zu werden, da diese Drogen illegal sind.
Das berühmteste Aphrodisiakum, die spanische Fliege, ist auch das gefährlichste, und man sollte seine Anwendung nie in Betracht ziehen. Es handelt sich dabei um Cantharidin, das aus einem getrockneten Insekt hergestellt wird. Nimmt man es ein, bewirkt es Irritationen in Magen, Nieren und Harnröhre, die man kurzfristig mit sexueller Erregung verwechseln kann. Schon geringste Mengen können tödlich sein. Auch Strychnin weist eine ähnlich feine Grenze zwischen Stimulans und tödlichem Gift auf. Man sollte deshalb unter keinen Umständen damit experimentieren.
In jüngsten Jahren interessierte man sich besonders für die künstliche Erzeugung menschlicher Duftstoffe, um sie als sexuelle Lockmittel zu vermarkten. Es handelt sich dabei um organische Chemikalien, ähnlich den Sexhormonen, die ein Tier ausströmt, um ein Wesen des anderen Geschlechts anzulocken. Ihre Wirksamkeit ist bei Tieren deutlicher als beim Menschen zu erkennen. Moschus, der Hauptanteil der meisten Parfüms, ist ein Pheromon aus den Duftdrüsen eines männlichen Wilds, das Weibchen in der Brunft anlocken soll. Sein Geruch ähnelt dem menschlicher Duftstoffe, besonders jenen aus Achselhöhlen und vom männlichen Glied. In gewissem Ausmaß finden die meisten Menschen diesen Geruch aufregend. Das Pheromon Androsteron, das sich im Schweiß und Urin männlicher Schweine findet, wurde eine Zeitlang vermarktet, um in der Schweinezucht Ebern das Besteigen der Säue zu erleichtern. Da auch der Mann diesen Duftstoff absondert und er möglicherweise Frauen anzieht, gibt es ihn in Sexläden als Aufsprüh-Aphrodisiakum zu kaufen. Seine Wirkung ist wissenschaftlich mehr als umstritten, und die meisten Frauen behaupten, daß der Geruch, wenn er so konzentriert aufgetragen ist, daß man ihn überhaupt riechen kann, abstoßend wirkt. Es gibt auch das weibliche Pheromon Copulin, das in der Scheide entsteht. Es könnte ein Grund für die Beliebtheit des Cunnilingus sein, aber bislang gab es noch keine Bemühungen, es kommerziell auszuwerten.
Es gibt also Aphrodisiaka, aber ihre Wirkung ist individuell verschieden und schwer nachzuweisen. Die meisten sind wirkungslos (wie zum Beispiel zerstoßenes Horn des Nashorns), illegal (wie etwa Meskalin), lebensgefährlich (wie die spanische Fliege) oder all das auf einmal. In den meisten Fällen sind wir am besten beraten, wenn wir uns auf die jahrhundertealten, wohlvertrauten Aphrodisiaka verlassen – Schönheit, Kraft und Pornographie.

MÄNNER: WIE VERFÜHRE ICH EINE FRAU?

1. Zeigen Sie, daß Sie an ihr interessiert sind

Machen Sie Ihre Absichten ohne Worte klar. Nehmen Sie mit ihr herzlichen, bewundernden Augenkontakt auf. Sagen Sie „Ich will dich" lieber mit lächelnden Augen als mit Worten.

2. Locken Sie sie aus ihrem Gebiet

Arrangieren Sie ein Treffen bei sich, nicht bei ihr, oder an einem romantischen Ort, der ihr neu ist. Das kann eine Bar, ein Restaurant, eine Kunstgalerie, ein Konzertsaal oder ein Ferienort sein. Wenn dabei gesegelt oder getanzt werden wird, sollten Sie in diesen Dingen Erfahrung haben.

3. Zeigen Sie Selbstbewußtsein und Stärke

Reden Sie nicht übermäßig von sich, insbesondere nicht in neurotischer oder angeberischer Weise. Versuchen Sie nicht zu sehr, sich gut zu verkaufen. Das läßt nämlich den Eindruck entstehen, daß Sie selbst glauben, nicht gut genug für sie zu sein, und sie wird dieser Einschätzung folgen.

4. Machen Sie ihr Komplimente und sorgen Sie für sie

Geben Sie glaubwürdige Kommentare und meiden Sie durchsichtige Schmeicheleien. Zeigen Sie, daß Sie gut für sie sorgen können, indem Sie ihr Geschenke wie Blumen, Parfüm, Schmuck oder Kleidung machen und sie zu guten Mahlzeiten einladen.

5. Sorgen Sie für Ablenkung und Entspannung

Gedämpftes Licht, Musik, natürliche Umgebung (Bäume, Blumen, Strand), Wärme und Alkohol sind von Nutzen.

6. Bewahren Sie die Kontrolle

Vermitteln Sie Zuversicht und Vertrauen; rechnen Sie immer mit Ihrem Erfolg. Die Hauptregel jeder militärischen und sonstigen Disziplin ist, „keinen Befehl zu geben, von dem man annimmt, daß er nicht befolgt wird". So sollte auch der Mann nichts unternehmen, von dem er annimmt, daß es die Frau abblockt oder ablehnt.

7. Spannen Sie sie auf die Folter

Treten Sie ihr nie zu nahe und berühren Sie sie nie, ehe sie wirklich dazu bereit ist. Halten Sie immer etwas in Reserve. Suchen Sie eine erogene Zone aus, die nicht zu offensichtlich und bedrohend ist, z. B. den Hals oder ein Ohrläppchen, und dringen Sie nicht weiter vor, ehe sie nicht danach begehrt.

8. Seien Sie empfindsam

Denken Sie daran, daß man jede Frau individuell behandeln muß. Lernen Sie sie näher kennen und beobachten Sie, wie sie auf Ihre Aufmerksamkeiten reagiert. Seien Sie jederzeit bereit, Ihre Strategie zu ändern, und lassen Sie nie erkennen, mit welcher Technik Sie vorgehen.

FRAUEN: WIE VERFÜHRE ICH EINEN MANN?

1. Sehen Sie sauber aus

Waschen Sie besonders Haare und Hände, baden Sie und riechen Sie überall angenehm. Rauchen Sie nicht, besonders dann nicht, wenn er nicht raucht. Und vergessen Sie das Zähneputzen nicht.

Das Einführen des Glieds von hinten ist so natürlich und bequem wie von vorne, nur kann man sich dabei nicht von Angesicht zu Angesicht unterhalten. Vorhergehende Doppelseite: (Hauptbild) Bei der **Kapuze** sind seine Beine rechts und links von ihren Beinen. (Kleines Bild oben Mitte) Eine Position für oralen Sex.

Auf dieser Seite **halb abgespreizt** (oben) und **verschränkt** (unten)

Folgende Doppelseite: **Rache** (Hauptbild), **Friedensangebot** (oben links) und **Liaison** (oben rechts)

2. Tragen Sie provozierende Kleidung

Nicht zu auffällig und indezent, nicht zu sehr wie eine Modepuppe aus der Frauenzeitschrift. Die Kleidung sollte ihre besten Seiten gut zur Geltung bringen. Erscheinen Sie berührbar und nicht unnahbar eingeschnürt.

3. Verhalten Sie sich schüchtern und kokett

Lassen Sie sich ertappen, wie Sie ihn bewundernd anschauen, etwa über die Schulter von jemand, mit dem Sie gerade reden. Zeigen Sie, daß Sie sich ertappt fühlen und sich der sexuellen Attraktivität bewußt sind, indem Sie Ihren Blick abwenden und erröten.

4. Reden Sie nicht zuviel

Wahren Sie etwas Geheimnisvolles. Reden Sie leise. Vermeiden Sie Gespräche über Themen wie Politik, Religion oder auch Sex. Erwähnen Sie nie die Frauenrechtsbewegung, die Ehe, Kinder, Orgasmus oder auch Ihren Ehemann (außer um zu sagen, daß er verreist ist).

5. Flirten Sie

Tun Sie etwas Neckisches, das Verfolgung oder Strafe herausfordert. Quälen oder provozieren Sie ihn ganz sanft, um sein männliches Verlangen nach Dominanz zu wecken. Wenn Sie mit jemand anderem tanzen, geben Sie sich ganz sexy, während Sie ihm Blicke zuwerfen.

6. Lassen Sie ihn sich überlegen fühlen

Bitten Sie ihn, Ihnen etwas beizubringen, das er gut kann, z. B. Billard, Autofahren, Tennis, Schwimmen, Astronomie. Sportarten, die physische Leistungen verlangen, sind besonders vorteilhaft.

7. Seien Sie amüsant und lustig

Seien Sie nicht ständig ernst und nachdenklich. Geben Sie sich spielerisch, bringen Sie ihn zum Lachen – aber möglichst nicht, indem Sie langatmige Standardwitze erzählen.

8. Geben Sie symbolische Streicheleinheiten

Spielen Sie suggestiv mit dem Salzstreuer. Streichen Sie traumverloren über Ihr Revers oder Ihre Schenkel. Öffnen Sie Ihre Lippen und befeuchten Sie sie sanft mit der Zungenspitze. Fragen Sie zu guter Letzt nie „Für welche Art Frau halten Sie (hältst du) mich?“, wenn der Mann bereits auf all die vorgenannten Aktivitäten reagiert.

WIE WIRD MAN GELIEBT?

Abschließend sei noch darauf hingewiesen, daß viele Menschen wissen wollen, wie Sie jemanden dazu bringen können, daß er sich auf ewig in sie verliebt. Die Antwort auf diese Frage ist, daß die Liebe dann am fernsten ist, wenn man sie am direktesten sucht. Der Hinweis, daß man einen Partner sucht, heiraten will oder sich verlieben möchte, erzielt meist das Gegenteil. Diese Hinweise sind egozentrisch und unattraktiv, weil sie die Bedürfnisse des anderen nicht berücksichtigen und ihn in die Rolle des „Opfers“ drängen.

Der beste Weg, geliebt zu werden, ist der, Liebe zu *geben*. Man muß geben, um etwas zu bekommen. Menschen lieben einen, weil man ist wie man ist und tut was man tut. Man kann von anderen nicht Liebe fordern; sie muß sich spontan und aus freien Stücken ergeben. Arbeiten Sie daher an sich selbst, nicht an Ihrer Zielperson. Versuchen Sie besser, charmanter, selbstloser und humorvoller zu sein als Sie es jetzt sind (und sagen Sie nicht, das wäre nicht möglich).

Wenn Sie einen Partner (eine Partnerin) gefunden haben, der Sie mehr lieben sollte als er das gegenwärtig tut, ist es besonders wichtig, daß Sie für ihn Interesse zeigen. Hören Sie ihm zu, zeigen Sie Verständnis und Mitgefühl, ohne besitzergreifend zu wirken. Legen Sie den Partner nicht in geistige Ketten, die verhindern, daß er unangenehme Dinge zu sagen wagt. Versuchen Sie, Ihre Liebe so bedingungslos wie möglich zu machen.

Zeigen Sie, daß Ihnen der Partner etwas bedeutet, indem Sie Kleinigkeiten für ihn erledigen – Kaffee am Morgen machen, Ausflüge oder Theaterbesuche arrangieren. Kaufen Sie kleine Geschenke, die nicht viel kosten, aber eine persönliche Bindung schaffen, weil sie zeigen, daß Sie an ihn denken. Ein Überraschungsgeschenk zählt mehr als Weihnachts- oder Geburtstagsgeschenke. Beginnen Sie kleine sexuelle Eskapaden zu „unpassenden“ Zeiten. Lassen Sie sich nicht immer von Ihrem Partner in die richtige Stimmung bringen, und lassen Sie den Sex nie nach Art, Ort oder Tageszeit zur Routine werden. Im Grunde genommen sind die Regeln für den Spaß an der Liebe dieselben wie für den Spaß am Leben. Seien Sie wohlgemut, spielen Sie Spiele, bewahren Sie sich einen Sinn für Humor und kindliches Vergnügen an der Welt. Flößen Sie Alltagssituationen durch Phantasie Leben ein.

Um längere Zeit verliebt zu bleiben, muß man sich vor dem Ungeheuer der Eifersucht schützen. Eifersucht oder besonders Eifersuchtsszenen sollte man vermeiden. Eifersucht ist natürlich und universell, aber sie ist selten attraktiv und oft destruktiv. Denken Sie daran, daß Eifersucht eine egoistische kindische Regung ist, die man in Schach halten muß, da man auf sie nicht stolz sein kann. Die Liebe Ihres Partners wird schnell erlöschen, wenn Sie den Eindruck erwecken als wollten Sie Freiheit, Abenteuer und Vergnügen aus seinem Leben verbannen.

Akzeptieren Sie, daß nicht alle Männer und Frauen für ein monogames Leben und eine monogame Leidenschaft bestimmt sind. Ihr Partner wird sicher einmal auch andere Menschen attraktiv finden oder sich neugierig für sie interessieren. Deshalb schätzt er Sie jedoch nicht geringer ein. Es hilft, wenn man es lernt, der Eifersucht den „Spieß umzudrehen“ und aus der von ihr erzeugten Leidenschaft etwas Konstruktives schafft, etwa die Ermutigung des Partners zum Ausleben der Forscherinstinkte in Phantasie-Erlebnissen.

Seien Sie darauf vorbereitet, daß sich Ihre Beziehung von jugendlicher Leidenschaft und Berauschung zu einer reifen Partnerschaft entwickelt. Versuchen Sie, den Geliebten zum Freund zu machen, wenn Sie ihn für immer behalten wollen. Beherrschen Sie die Eifersucht und provozieren Sie auch beim Partner nicht unnötig durch Täuschung und Demütigung Eifersuchtsgefühle. Versetzen Sie sich in Gedanken in den Partner hinein, seien Sie ihm eine geistige Stütze und unterschätzen Sie nie seine Intelligenz, sein Bewußtsein oder sein Empfindungsvermögen.

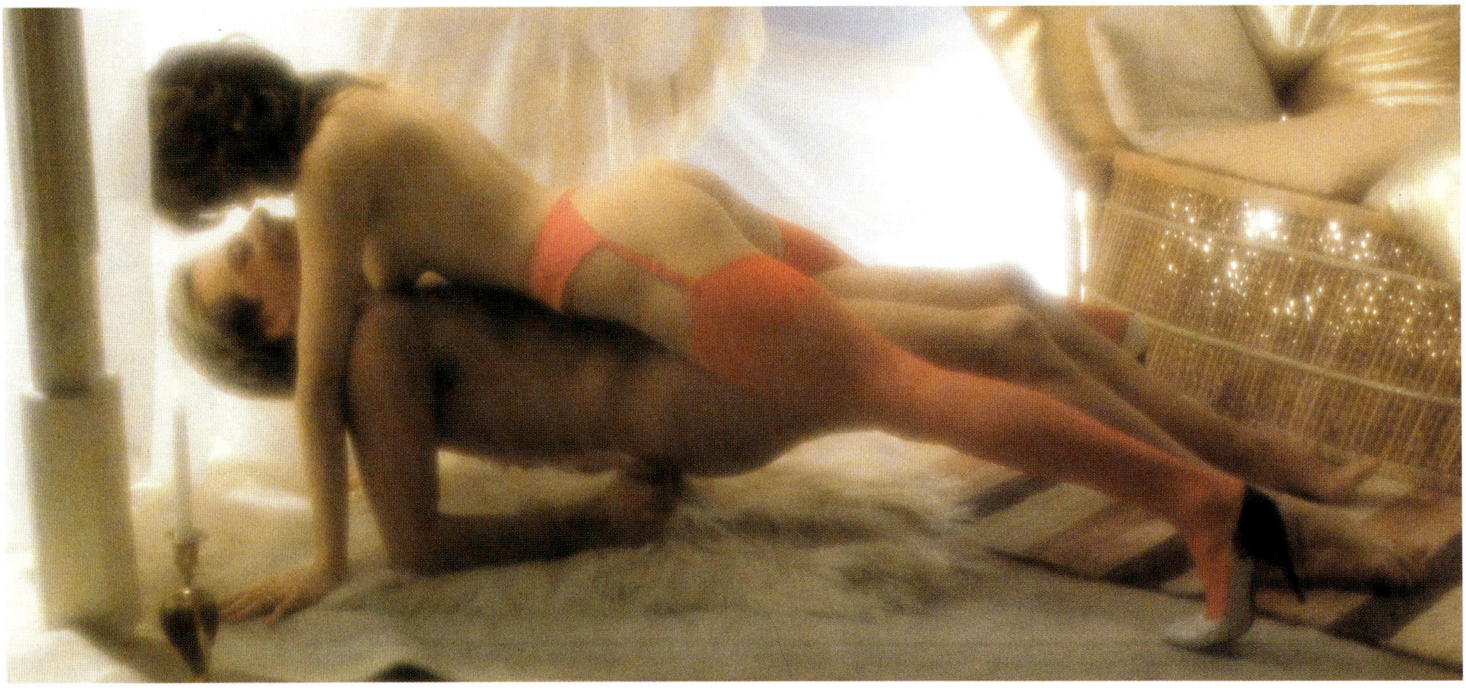

Gegenfront (rechts) ist nur bei einem hohen Grad sexueller Erregung möglich, während die **Rollposition** unten voraussetzt, daß die miteinander verschränkten Partner rollen, so daß erst der eine, dann er andere oben ist.

Schläfer nennt man eine der bequemsten Stellungen (unten).

Hebt man die Hüften der Partnerin vom Boden (nächste Seite) erreicht man die **Armbeuge.**

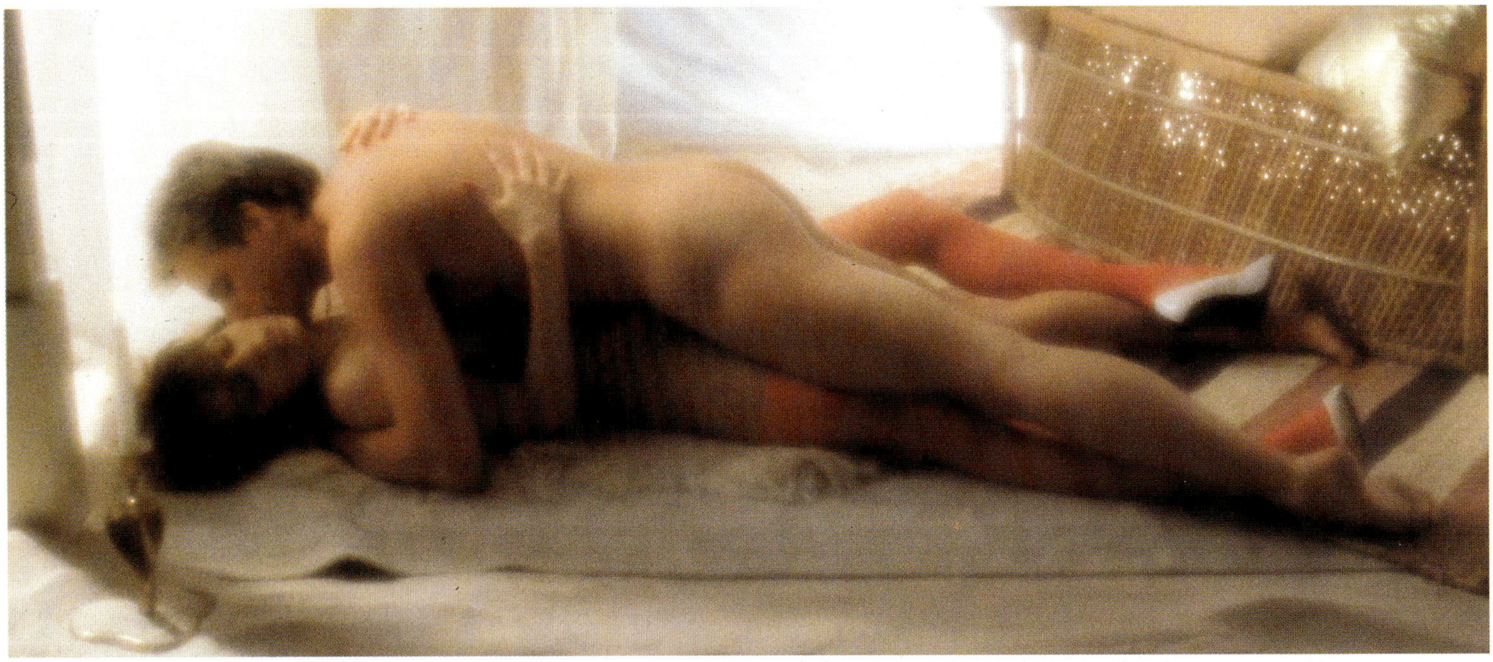

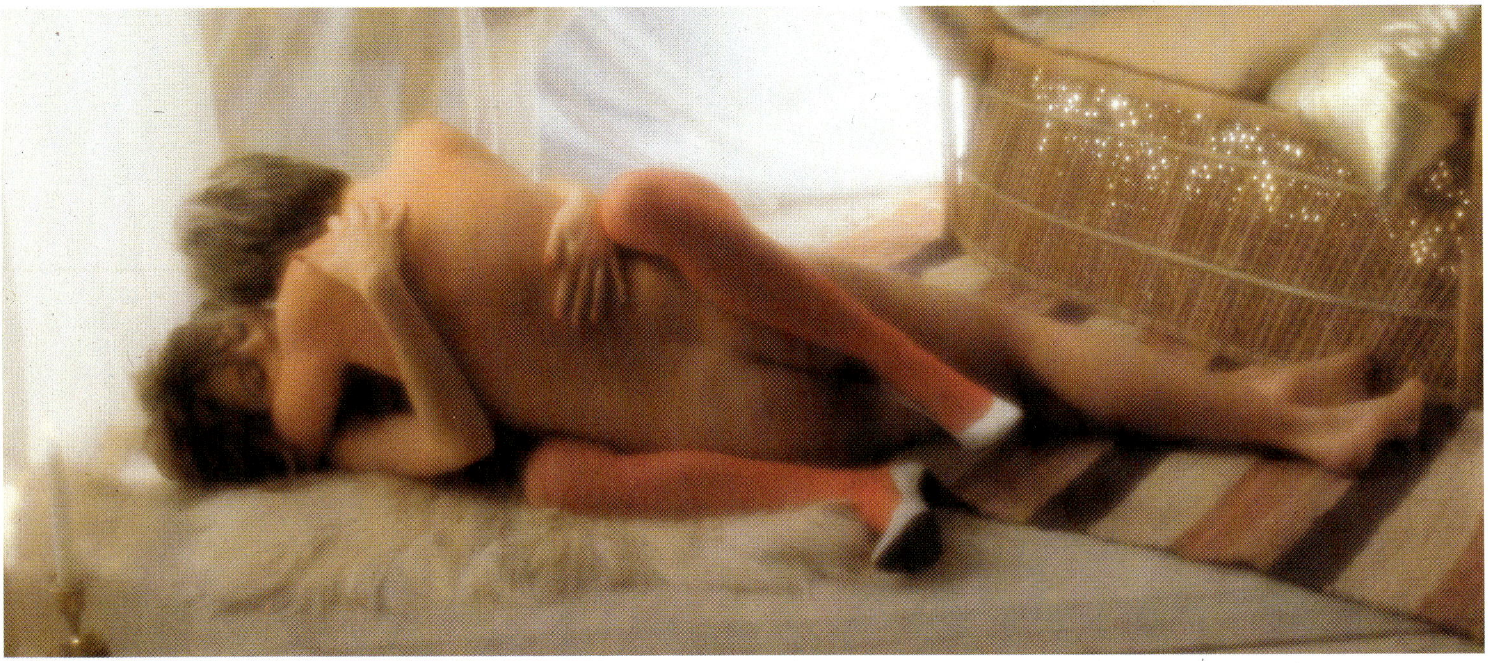

Hier umschlingen ihn beide Beine der Partnerin an Hüfte oder Schenkeln (oben).

Ganz gespreizt (rechts) geht besser, wenn man ihr ein Kissen unter den Rücken legt.

Doppelsohle (nächste Seite) und der energischere **Schubkarrentanz** (übernächste Doppelseite links). Umgekehrte Stellung nennt man **Schubkarre** (übernächste Doppelseite rechts).

Die Säule (links oben) fordert von beiden Partnern Kraft.

Die Abbildung (nächste Seite) zeigt **das Viadukt.**

Drei Stellungen für oralen Sex (rechts oben, unten, übernächste Seite).

Die Stellungen auf dieser und der nächsten Doppelseite sind mehr oder weniger schwierig.

Eine **Hock-Position** (oben), Eine **Positio aversa** im Sitzen (links oben) und eine **umgekehrte Positio aversa** (links).

Die Ente (nächste Seite oben), ebenfalls eine Positio aversa und **der Überhang** (nächste Seite rechts), eine Positio obversa.

Auf der nächsten Doppelseite: **Die Doppelkniebeuge** (links) und **knieendes Doppel** (rechts).

Drei Stellungen von hinten:
1. Bei dieser seit Generationen bekannten Stellung begibt sich die Frau mit allen vieren, bei gespreizten Schenkeln, zu Boden. Er kniet mit aufrechtem Oberkörper hinter ihr (links).
2. Bei dieser Variante steht sie mit gespreizten Beinen vor ihm und beugt sich mit gestreckten Armen zum Boden. Hat er sein Glied eingeführt, kann sie gegen seine Bewegung zurückstoßen.
3. Sehr anstrengend ist der **Pegasus** (nächste Seite), bei dem er zunächst am Boden kauert. Nach Einführen des Glieds packt er sie fest, während sie seine Oberarme faßt. Dann steht er langsam auf und sie streckt ihre Beine nach hinten aus, um das Gleichgewicht zu halten.

Bei der **Säule** steht das Paar Brust an Brust vereint. Dann umfaßt er ihren Rücken, sie verschränkt die Arme hinter seinem Hals und schlingt dann ihre Beine um seine Hüften.

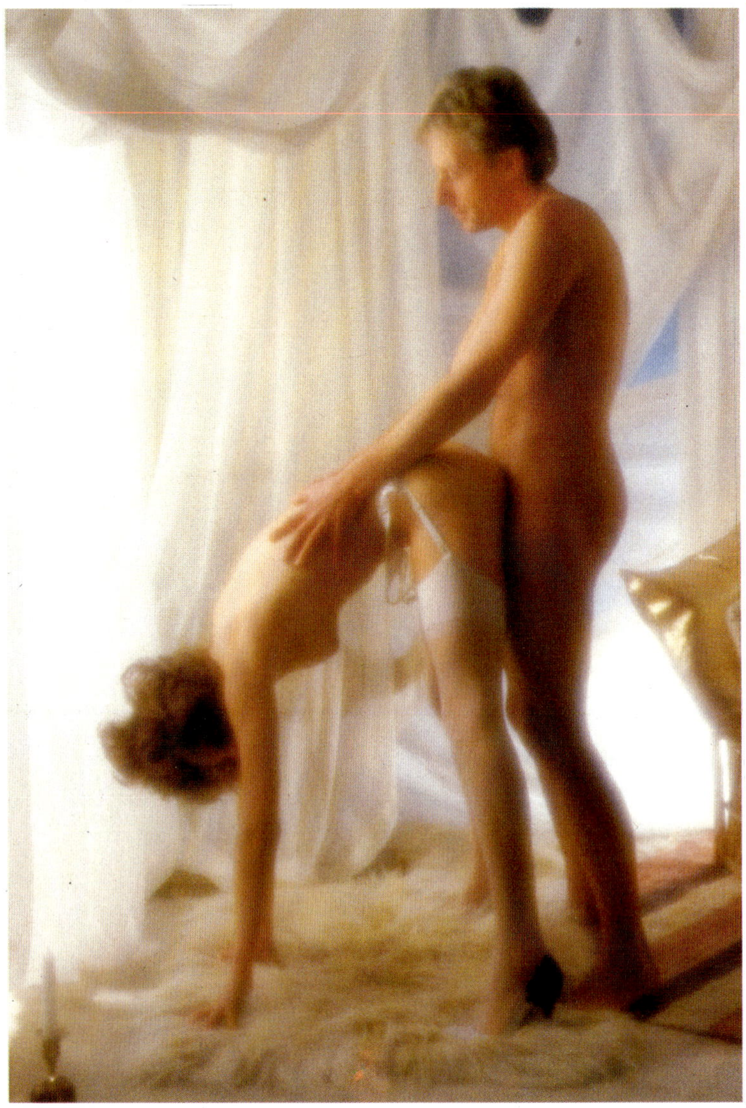

Auf diesen und den nächsten beiden Seiten sind verschiedene Positionen für oralen Sex abgebildet, die für sich selbst sprechen. Sie alle bieten Erregung, Befriedigung oder beides.

Zwei exotische und athletisch anspruchsvolle Positionen für oralen Sex: die **Horizontale** (großes Bild) und der **spitze Winkel** (kleines Bild).

Beim **Wagenrad** (oben) spielt er eine ganz passive Rolle, während sie sich, wie der Name andeutet, in jede Richtung drehen kann, die dem Paar zusagt.

Die ruhige Position des **Adlers** (links) steht im Kontrast zum athletischeren **Taucher,** für den ein Stuhl oder etwas ähnliches zum Aufstützen und zum Regulieren des Eindringens erforderlich ist. Die Armstütze sollte unbedingt rutschfest sein.

Man kann nicht nur im Schlafzimmer Spaß an der Liebe haben. Ein Wechsel des Schauplatzes kann für den Liebesakt ein zusätzlicher Anreiz sein. Warmes – kein heißes oder kaltes – Wasser, das über den ganzen Körper läuft, ist angenehm entspannend und kann, in Verbindung mit dem Vorspiel, wie es auf diesen Seiten abgebildet ist, äußerst vergnüglich sein.

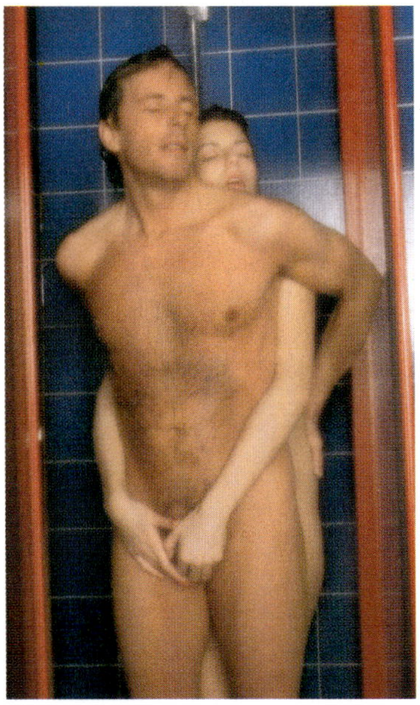

Baden oder Duschen vor dem Liebesspiel tut diesem immens gut. Zwei Menschen in ein und derselben Dusche – welch ein Vergnügen! Sich gegenseitig zu waschen ist schon ein intimer Akt an sich. Und mit etwas Vorsicht kann der eigentliche Liebesakt ebenso gut hier wie anderswo stattfinden.

Übernächste Doppelseite: **Doppeltes Knieen** (links) bietet sich für die Enge einer Dusche an, ebenso die **Kletterefeu**-Stellung.

Kassandra (linke Seite) entspricht in Hockstellung der Position, die das Paar im Stehen (oben) einnimmt.

Man sollte stets bedenken, daß der Duschenboden rutschig ist (rechts oben). Aber auch hier ist Platz für oralen Sex (rechts).

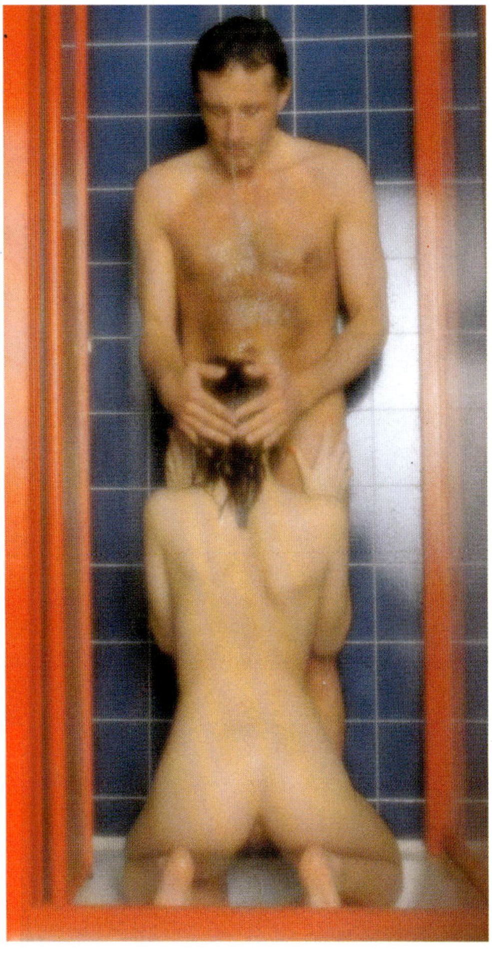

Anders als beim **Dreipunkt** (rechts oben) stützt hier der Mann das meiste Gewicht ab (oben).

Die **Verehrungs**-Haltung beim oralen Sex zeigt das rechte Bild. Ganz rechts ist eine der **Klammer**-Haltungen zu sehen.

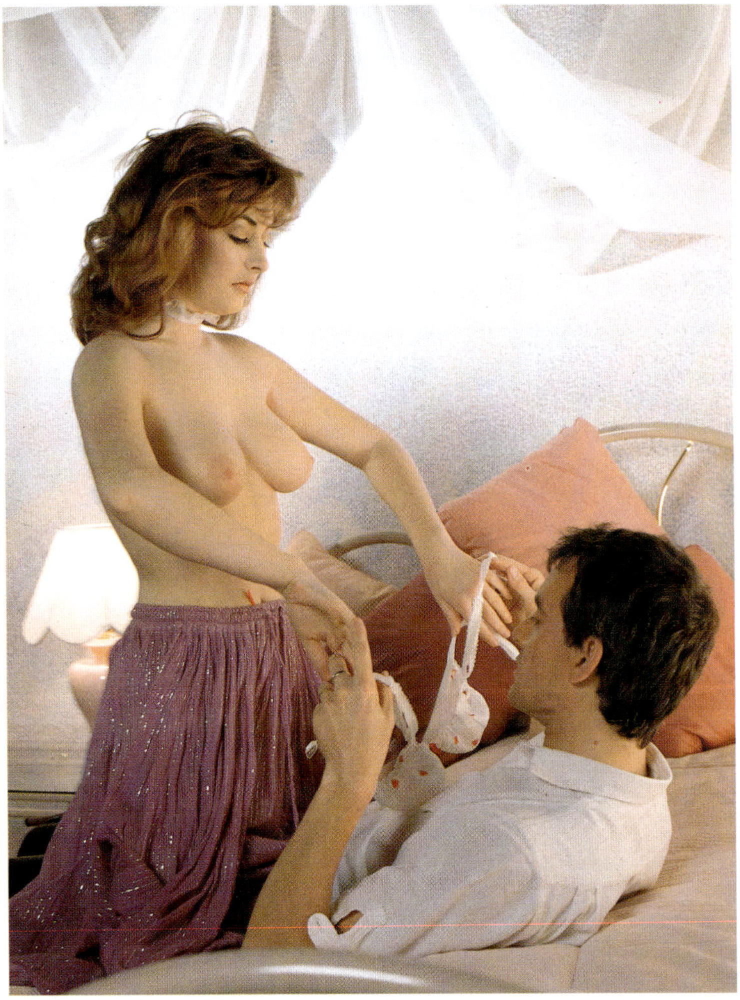

Oberste Regel für das Vorspiel ist „langsam vorgehen". Arbeiten Sie sich möglichst von oben nach unten vor. Sehen Sie Kleidung nicht als ein Hindernis an, sondern als Verpackung eines wertvollen Geschenks. Langsames Ausziehen hat seine eigenen Reize, und Kleidungsstücke wie BHs, Strümpfe oder Strumpfhosen können dabei zu einer Art Sexspielzeug werden. Der Partnerin mit der Hand unter den Rock zu fassen, kann für Sie beide erotisierende Wirkung haben. Lassen Sie sich daher Zeit, kosten Sie das Vorspiel voll aus, ehe Sie den Liebesakt vollziehen (nächste Doppelseite).

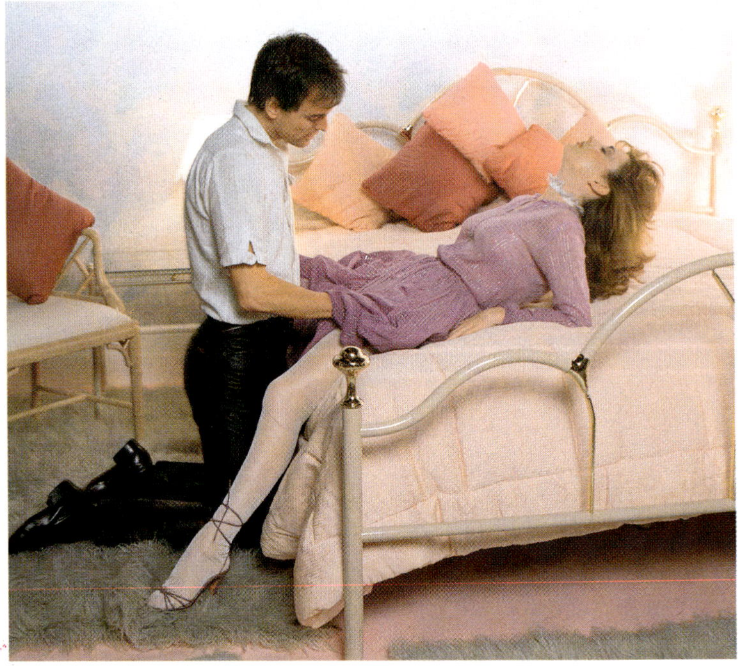

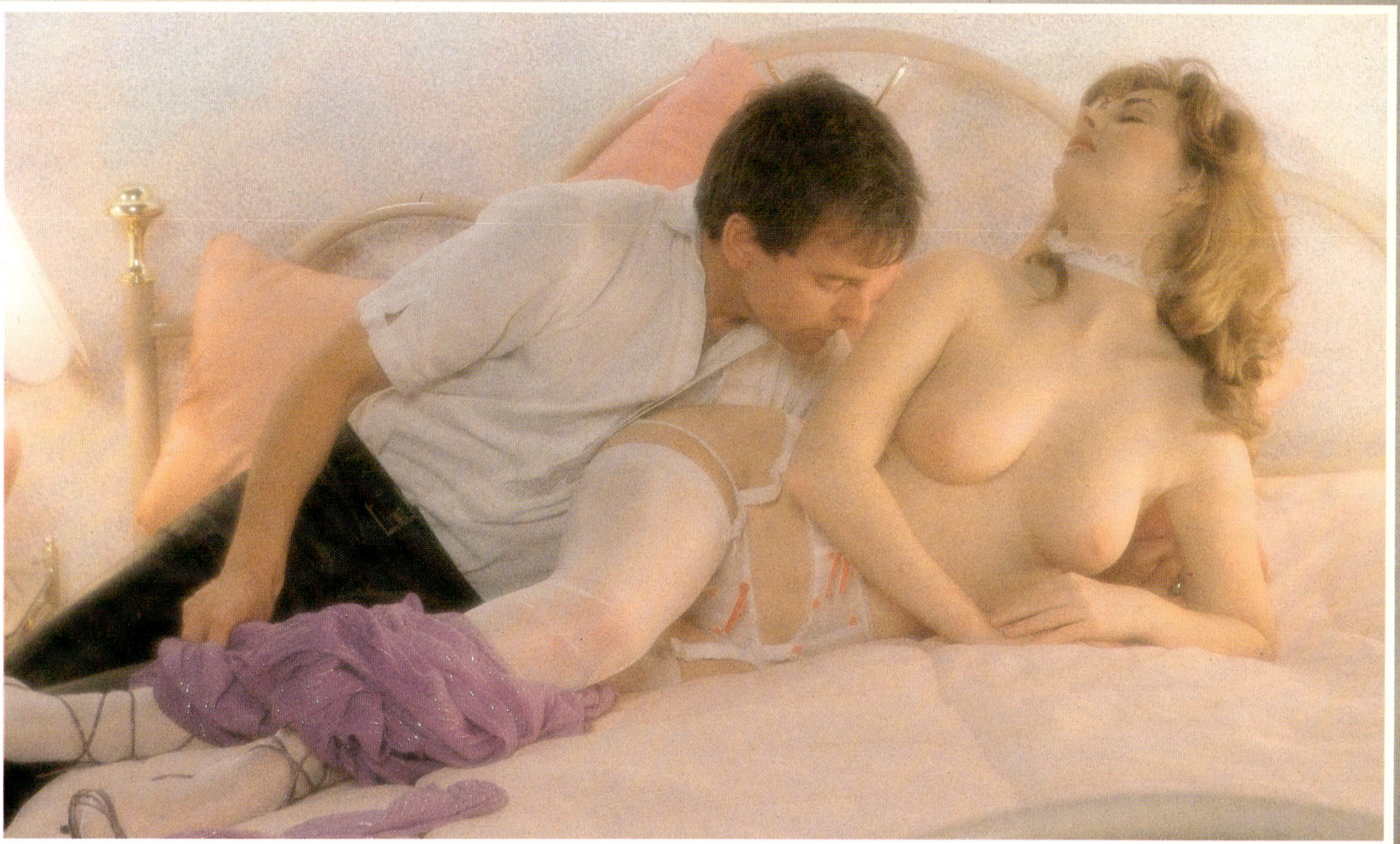

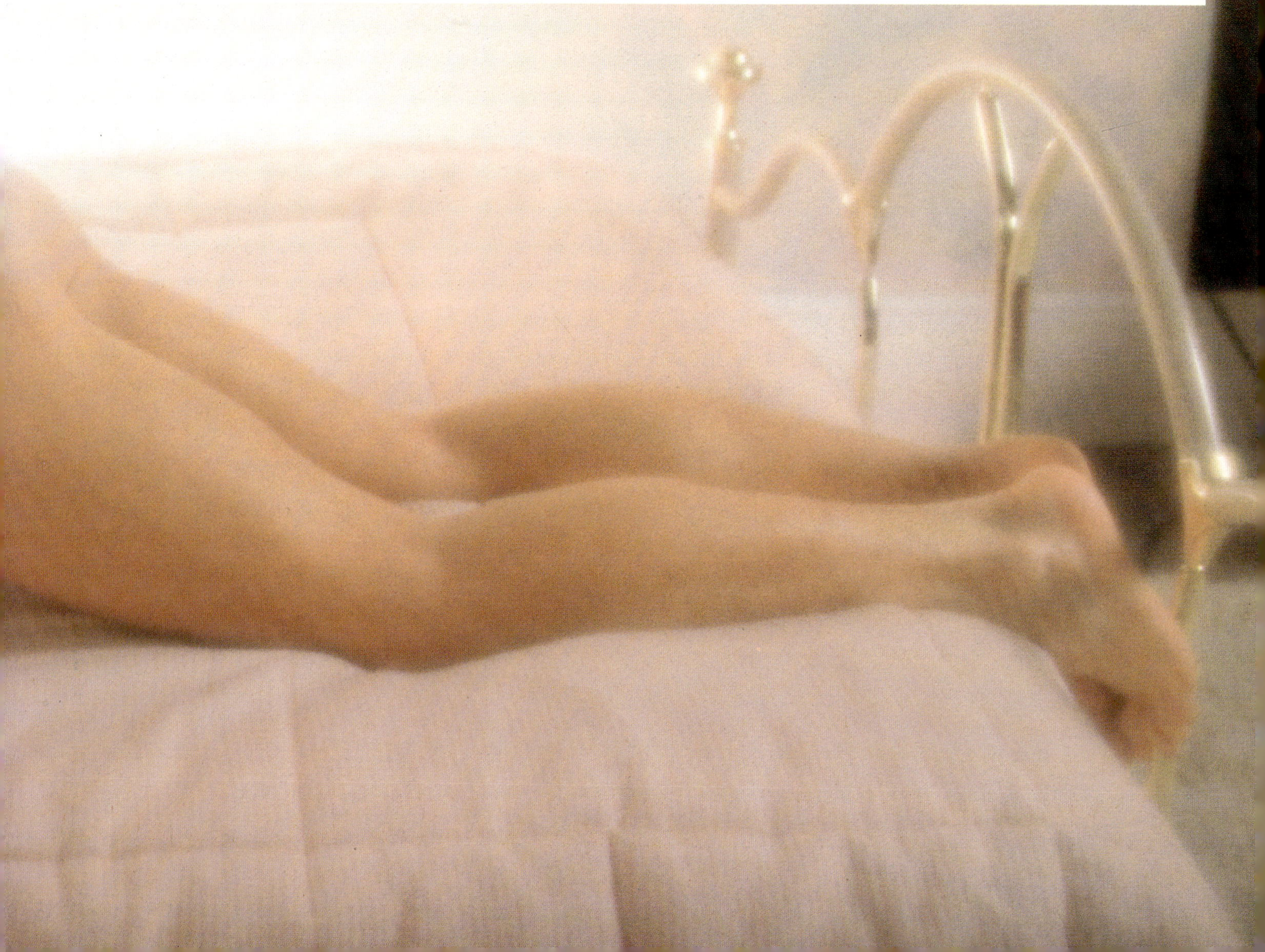

Relativ einfach die Stellung an der Bettkante (links oben) und die **Rutsche** rechts oben, bei der sie auf seinen Schenkeln zur Vereinigung hinuntergleitet. Die **Negerin** (unten) gibt ihr einige Beinfreiheit, was viele Varianten zuläßt. Die Sitzstellung (rechte Seite) und die Knie-Stellung (nächste Doppelseite) lassen nicht sehr tief eindringen. Beugt sie sich in der knienden Position vor, dringt er tiefer ein.

Bei der Schenkel-zu-Schenkel-Umarmung legt er seine Beine um ihre geschlossenen Beine (rechts oben).

Bei dieser Positio aversa (unten), die man als um 180 Grad gewendete Stellung von hinten bezeichnen könnte, sind Variationen vermutlich überflüssig.

Auf dieser Doppelseite: **Mourette** (linke Seite); **Liegehocke** (links oben), **Flankenkonter** (rechts oben) und – etwas bewegter – **Ungestüm** (unten).

Folgende Doppelseite: Das untere Bild zeigt eine Variante der letztgenannten Stellung. Mehr Gleichgewichtssinn erfordert die Stellung im Bild links oben. Oben Mitte ist der **Unterstoß** zu sehen, eine weitere Positio aversa. Hat er dabei die Beine außen (oben rechts), dringt er nur wenig ein.

Mit verschränkten Beinen (links oben) und einer Hocke (rechts oben) funktionieren diese beiden Positiones obversa (Stellungen von vorne). Tiefes Eindringen ermöglicht der **Drücker** (unten), nicht jedoch **Alptraum** (nächste Seite oben). Ruhevolle Positiones aversa (von hinten) zeigen die Seite rechts (unten) und die folgende Doppelseite.

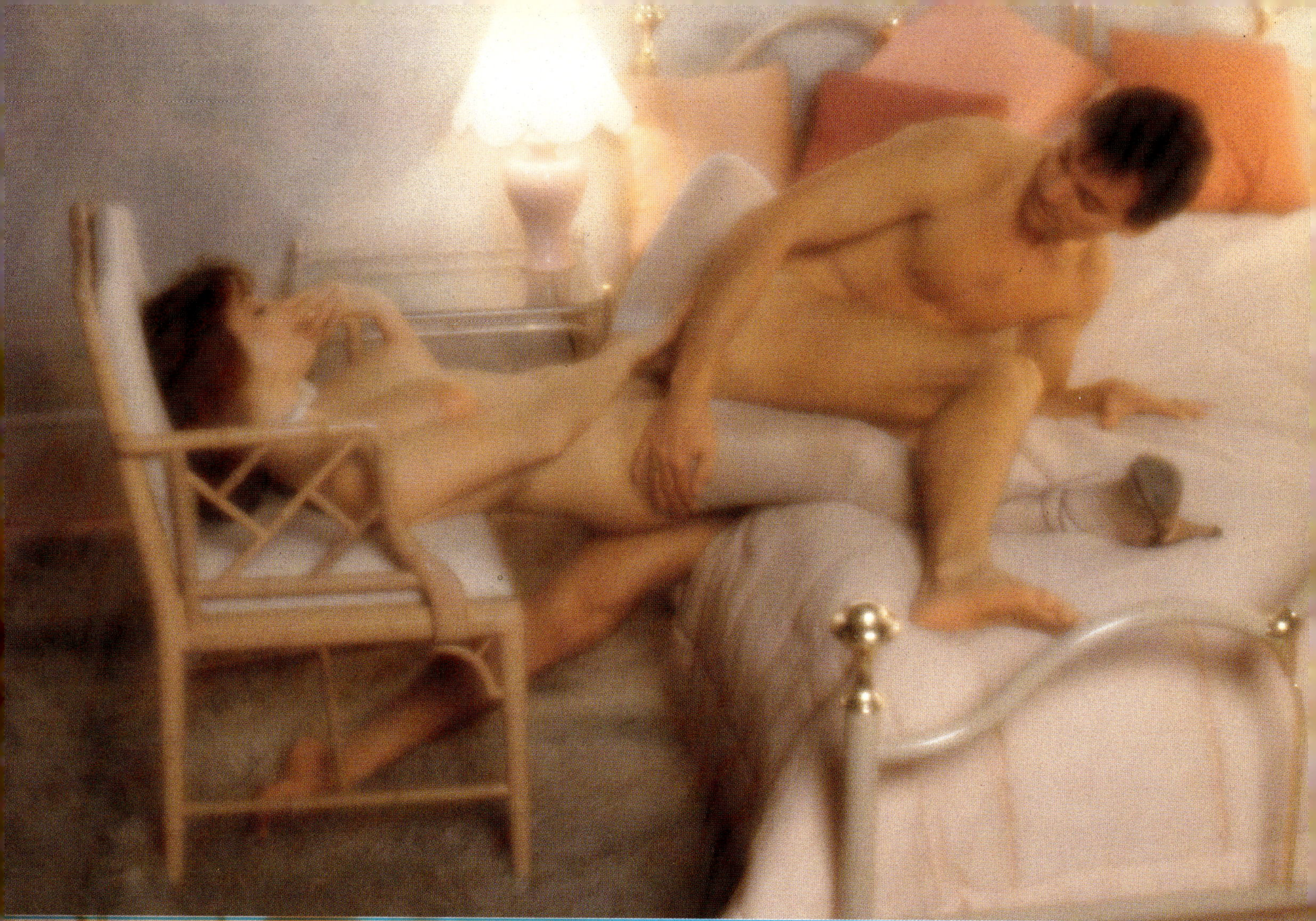

Wie auf den Vorseiten braucht man auch für diese komplizierte Stellung (oben) Bett und Stuhl.

Einfacher sind **Polychrest** (links) und **Morgenstachel** (rechte Seite).

Zwei frontale und eine hintere Stellung zeigt die folgende Doppelseite: **Dulkamara** (oben links), den **Hebelstoß** (unten) und eine Bettrandstellung (rechts oben).

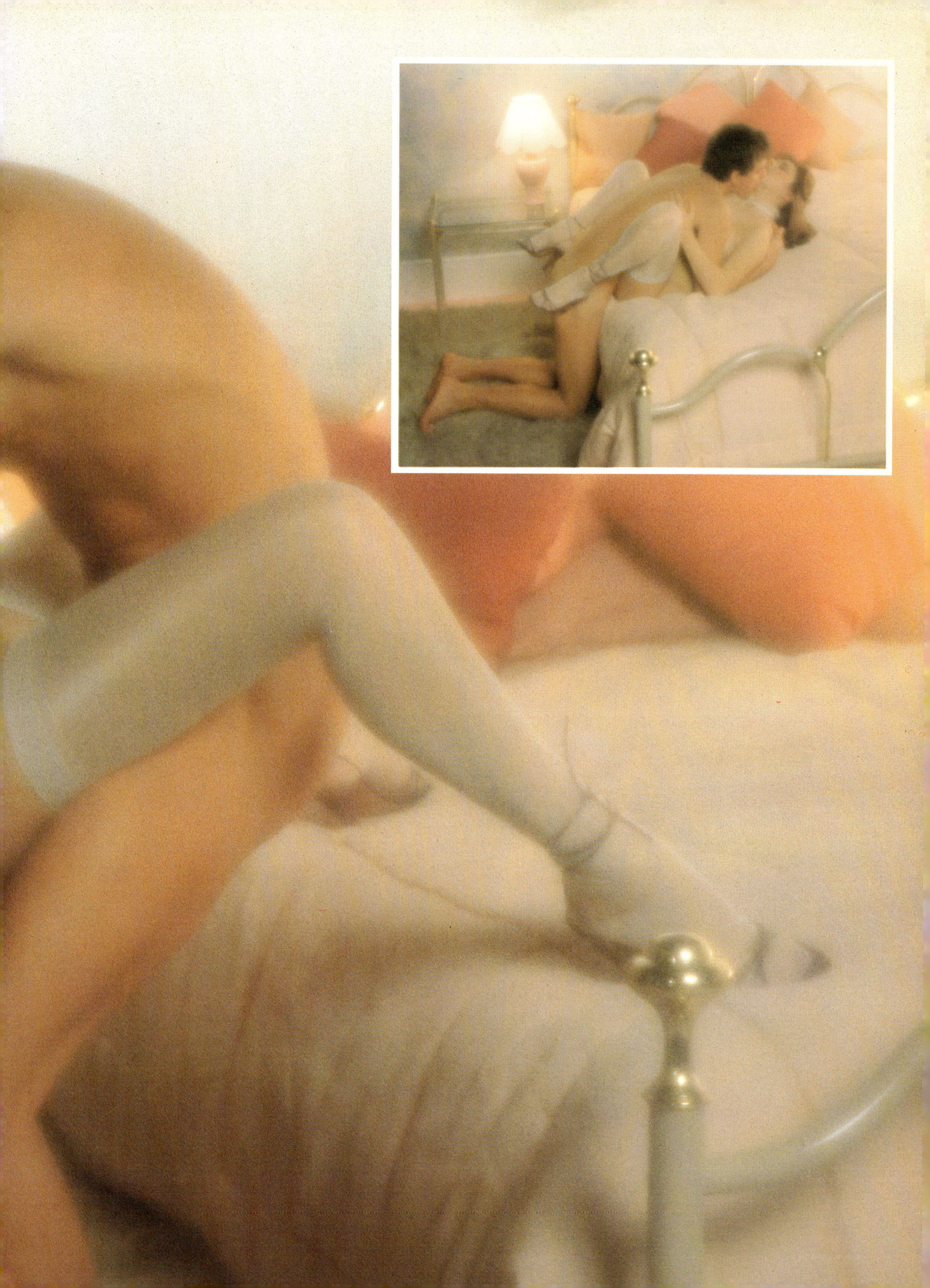

Vorhergehende Doppelseite: Eine weitere Bettrandstellung (links) und der **Schieber** (rechts).

Auf diesen Seiten: **Rückwärtshänger** (rechts), **Versuch** (Mitte), **Revolte** (unten), **Kontravolte** (rechte Seite oben) und **Einschub** (rechts unten).

Folgende Doppelseite: Die **Wildstrecke** ist fast schon etwas für Schlangenmenschen.

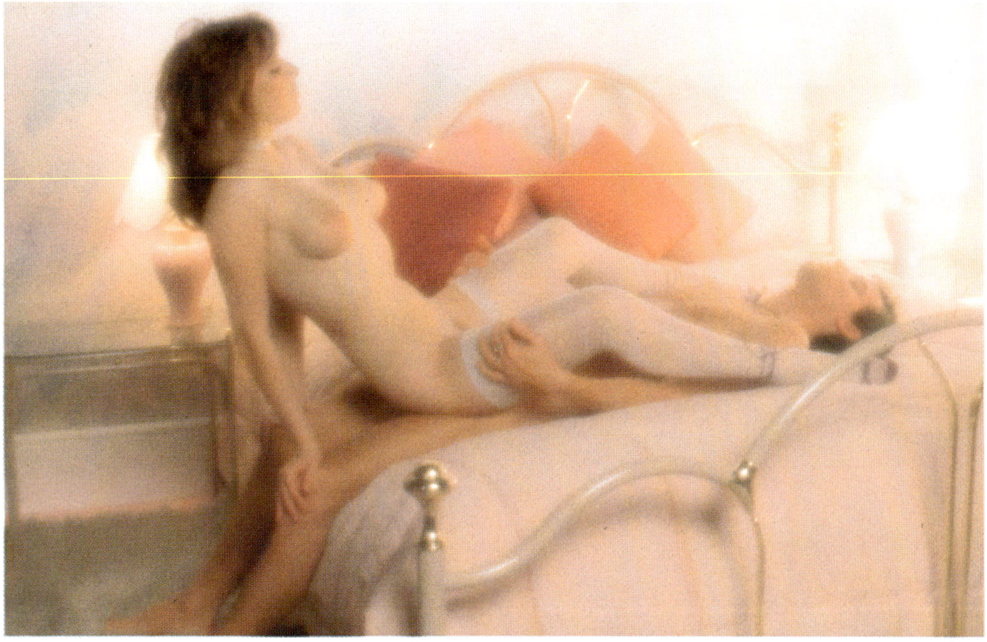

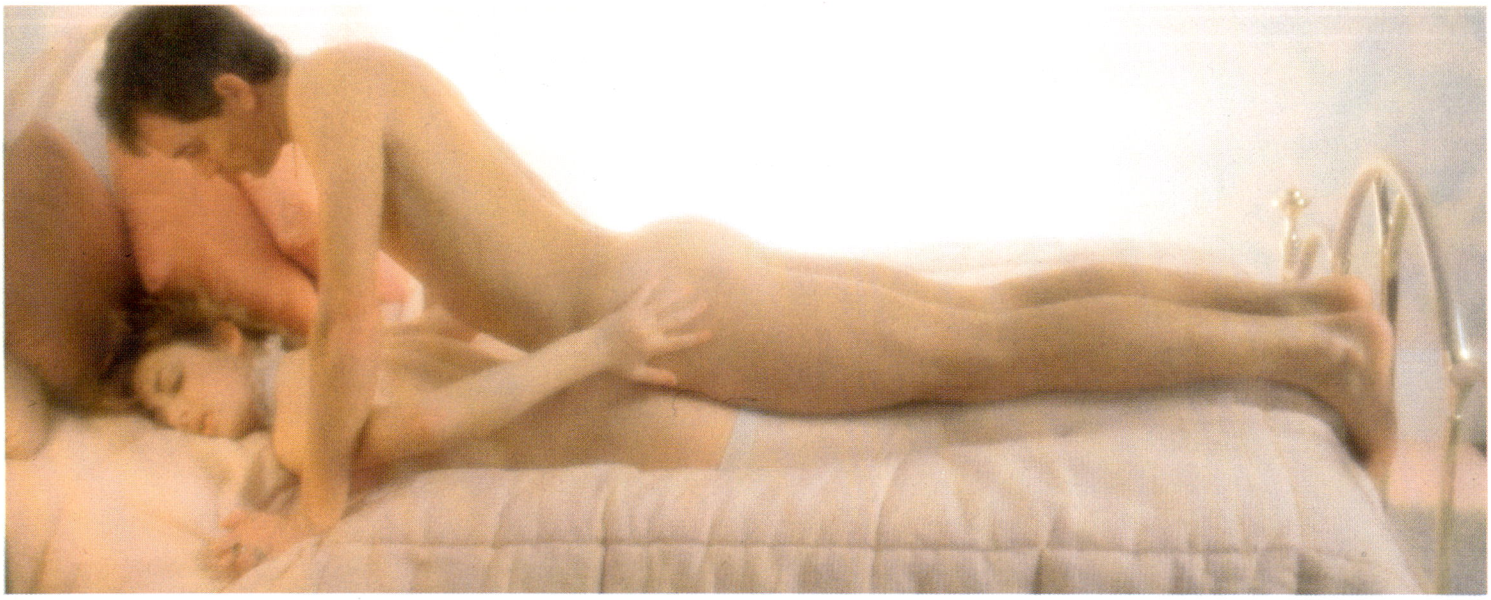

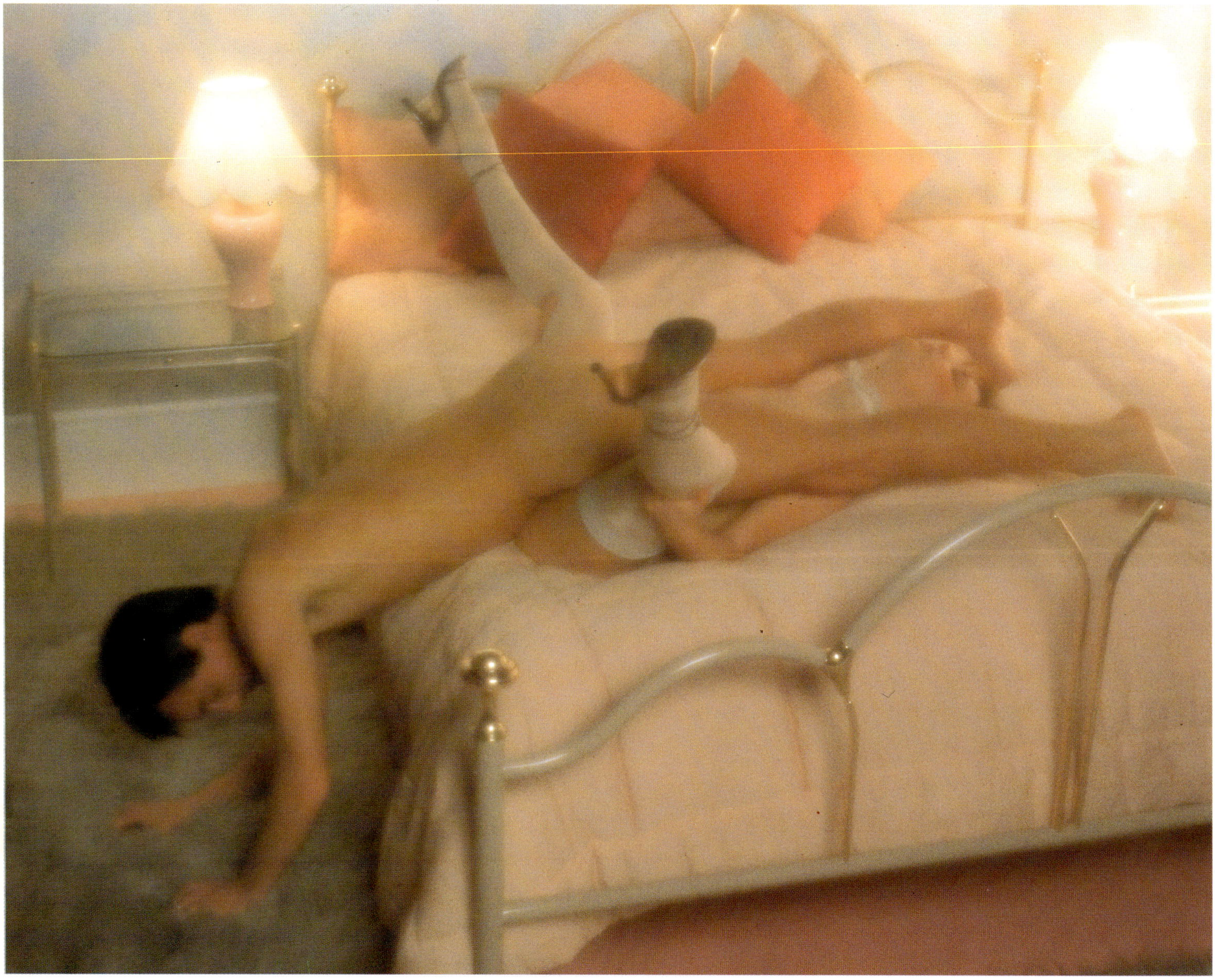

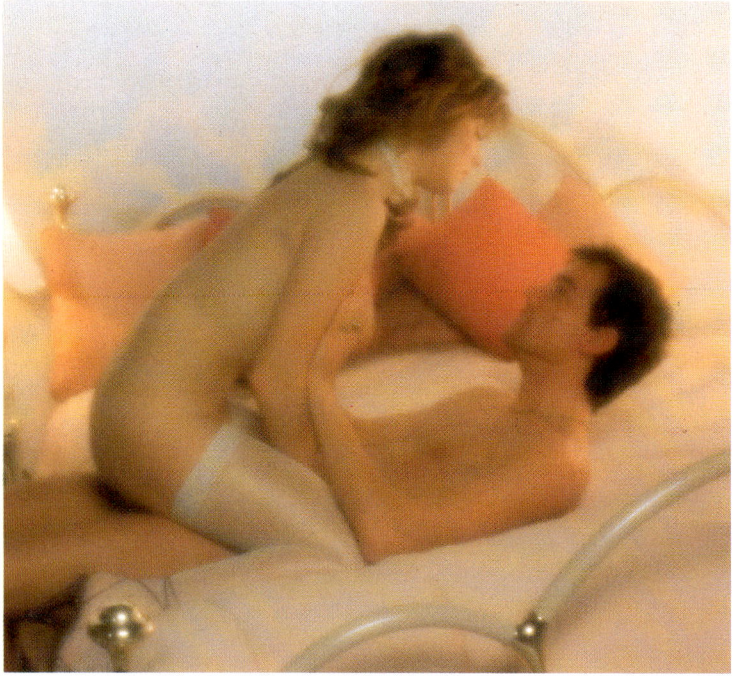

Weniger anstrengend sind die drei Positionen auf der folgenden Doppelseite: **Die Diagonale** (großes Bild), eine Version der **Liege-Hocke** (oben links) und das **Wagenrad** (oben rechts), das verschiedene Varianten erlaubt.

Für einige der hier gezeigten Stellungen ist eine gute Kondition erforderlich, besonders für die **Wilde Fahne** (rechte Seite). Des weiteren **Fall-Strick** (oben), **Tigerin** (unten links) und schließlich die **Croupade** (unten rechts).

Über Kreuz (links oben) wird diese Stellung bezeichnet, weil die Partner zu Beginn im rechten Winkel zueinander liegen. Wenn er sich vorbeugt, kann er sie dabei jedoch auch liebkosen. Bei der **Großen Flanke** (oben) ist einer ihrer Schenkel zwischen seinen Beinen gefangen und wird auf einem Stuhl abgestützt.

Knie hoch heißt es bei dieser entspannenden Stellung (links).

Mehr Geschick und Gleichgewichtssinn erfordert der **Gewichtheber** (rechte Seite).

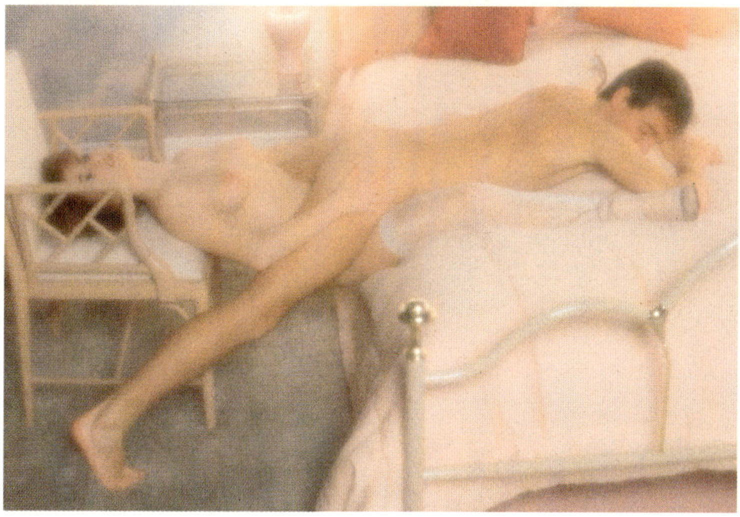

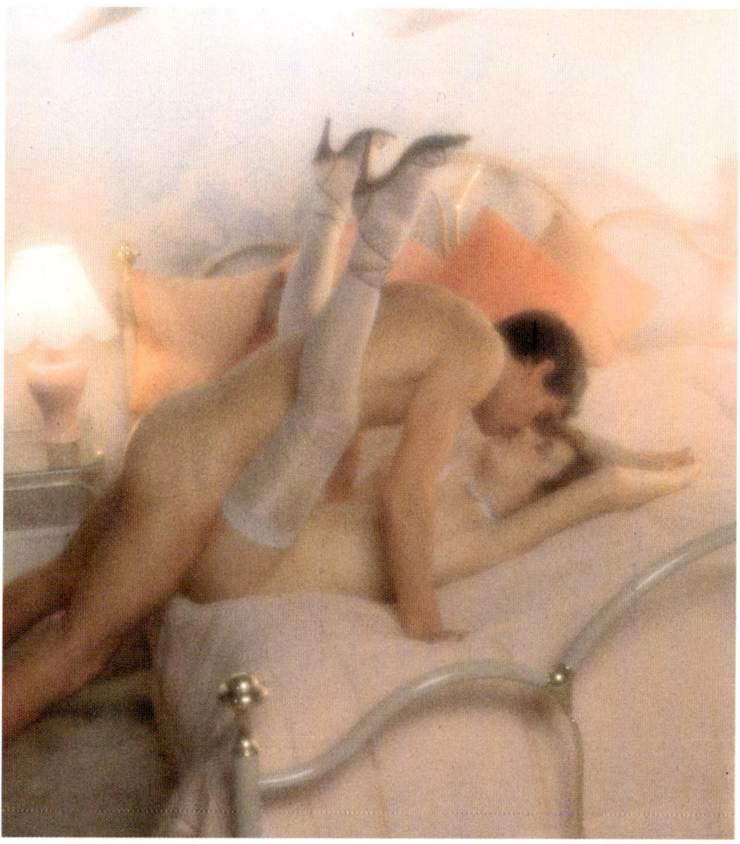

Kraft erfordern wieder die Positionen **Kletterer** (linke Seite) und **Fata Morgana** (folgende Doppelseite, links). Weniger beschwerlich sind die **Nachtnymphe** (oben links) und der **Rebell** (Mitte). Problemlos sind der **Lückenbüßer** (rechts oben), die Bettrandstellung (unten links), die **Doppelzange** (unten rechts) und die **akrobatische** Stellung für oralen Sex (nächste Doppelseite, rechts).

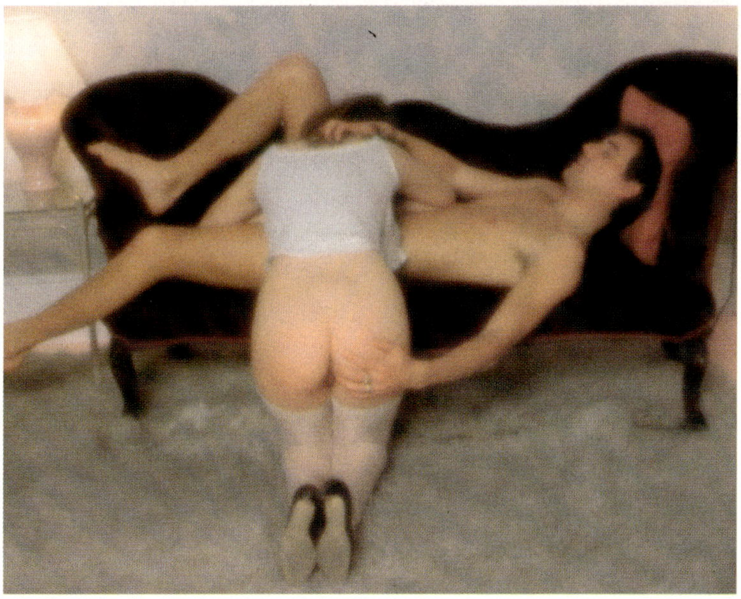

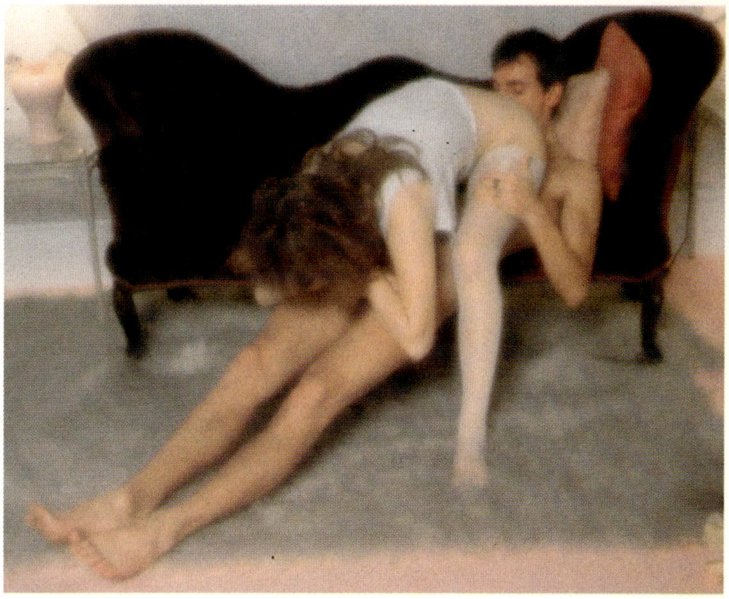

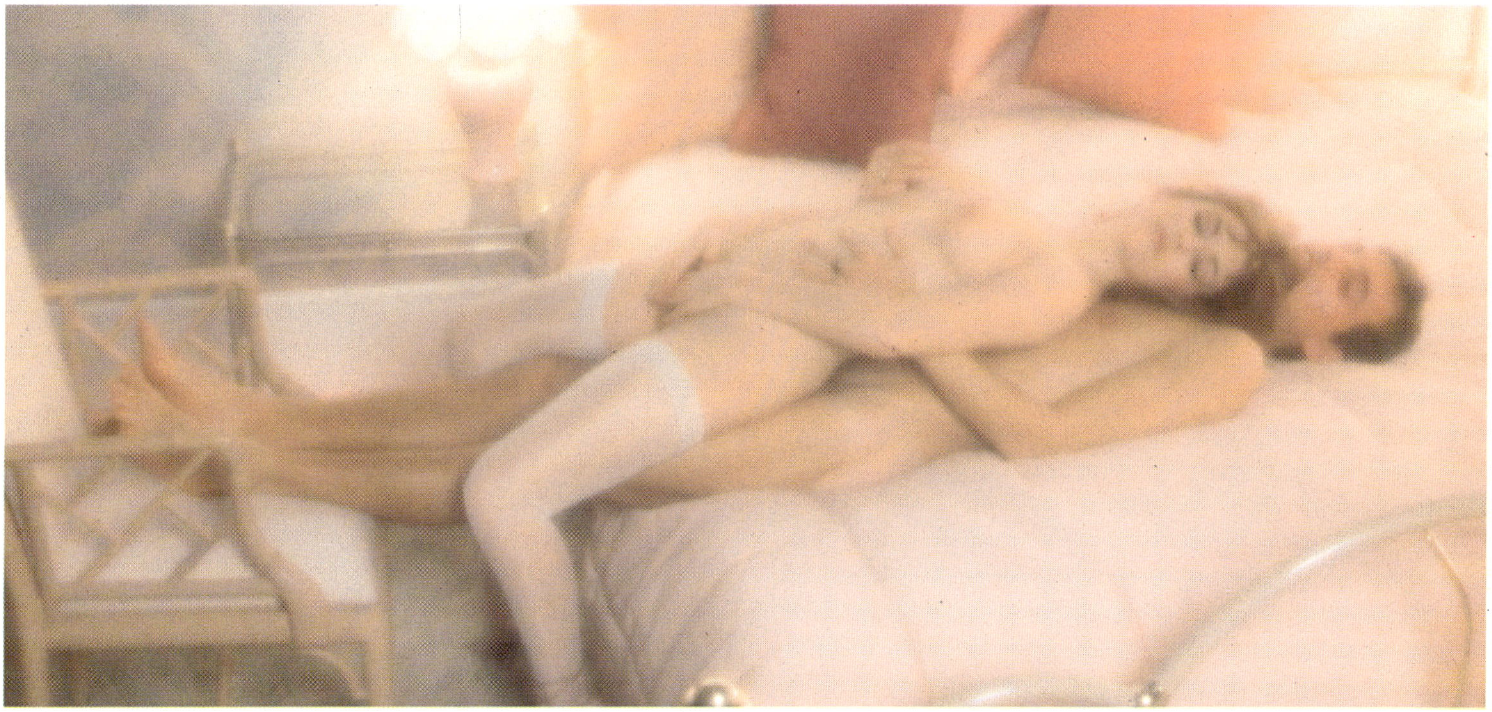

Nicht ganz ungefährlich sind manche Stellungen, für die man wie hier einen Stuhl braucht (linke Seite). Oralen Sex gibt es bei der **Umgehung** (links oben), **Rutschbahn** (rechts oben) und beim **Perpendikel** (folgende Doppelseite, großes Bild). Eine Umkehrung der vielen Positionen, bei denen sie zwischen seinen Beinen liegt, ist die **Doppelzange** (links unten). Die **Norne** (Mitte) ist ebenso eine Positio aversa wie die kleine Abbildung auf der folgenden Doppelseite.

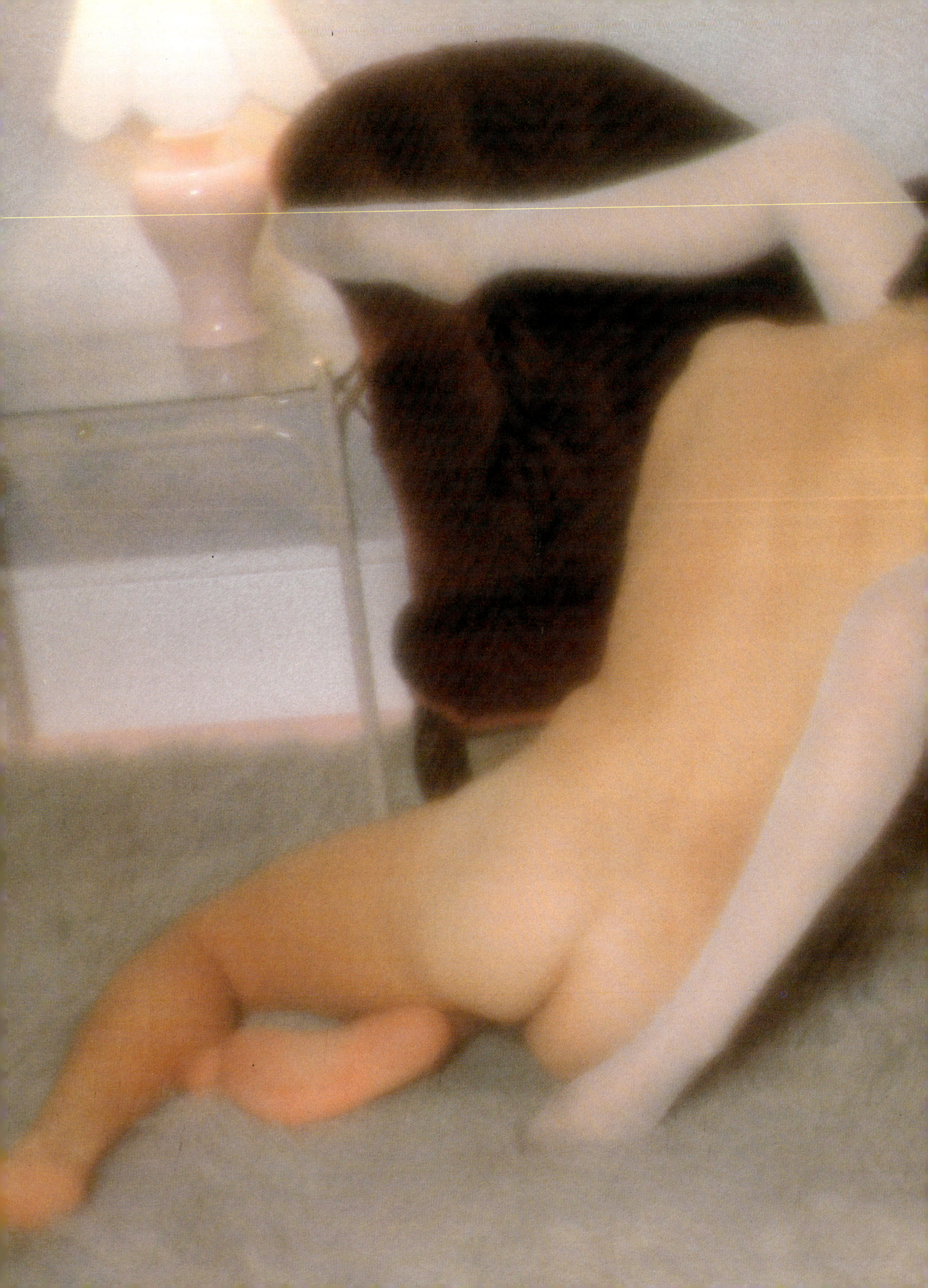

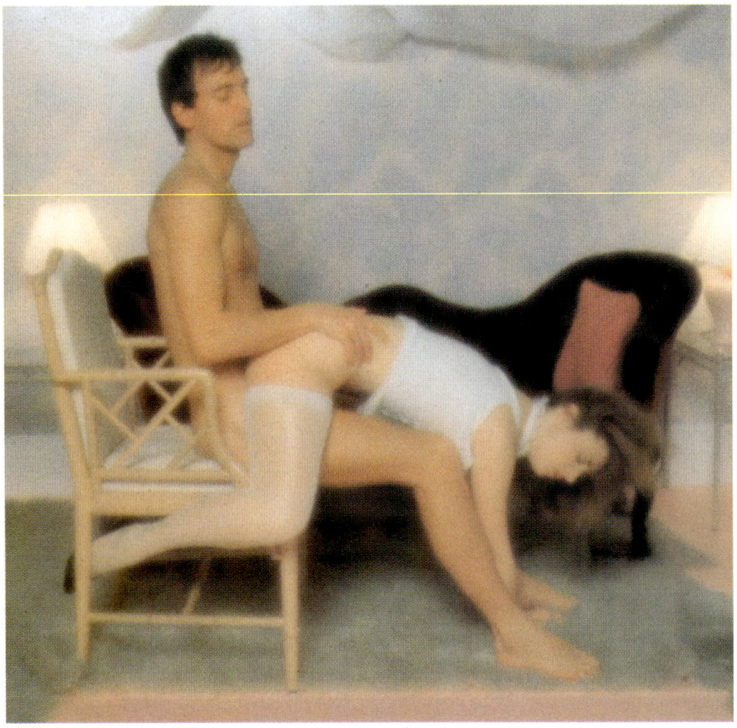

Möbelstücke wie der hier verwendete Stuhl können für viele Stellungen verwendet werden, wie diese und die beiden folgenden Seiten zeigen. Die Abbildung links unten ist eine Variation der **Fata Morgana.**

Obgleich für diese Koitusstellungen ein Schaukelstuhl verwendet wurde und dieser dank seiner Bewegung gewisse Vorteile bietet, sollte man sich nicht allzusehr von der Leidenschaft überwältigen lassen, sonst wird das anregende Erlebnis leicht zu einem umwerfenden.

Während die Schaukelbewegung zum Vergnügen beitragen kann, bietet eine Bank eine wesentlich sicherere Unterlage. Die phantasiereichsten Namen dieser Positionen sind **Pentesilea** (folgende Doppelseite rechts unten), **Galatea** (rechts oben) und **Rückzug der Kavallerie** (folgende Doppelseite, großes Bild).

Schaukelstuhlpositionen wie der **Hebekran** (unten rechts) nützen wieder dessen Bewegung aus, während das fast freischwebende **Interregnum** (oben rechts) wieder die Aufbietung aller Kräfte erfordert.

Nocheinmal mit Schaukelstuhl: **Neigungswinkel** (links), **Triumphbogen** (unten rechts) und das **Flankennest** (nächste Seite). Ein zweiter Stuhl wird für den **Umkehrritt** (unten links) gebraucht.

Wesentlich sicherer und für manche Stellung idealer kann eine Hängematte sein (linke Seite).

Haken und Öse (oder Nippel und Lasche) zeigt die Abbildung links, während links unten die **Schlittenfahrt** an der Stellung zu erkennen ist, jedoch nichts andeutet, warum die Stellung rechts unten in England **Schottensprung** heißt.

Gymnastische Fähigkeiten erfordert die **Horizontale** (folgende Doppelseite), eine Stellung für oralen Sex.

Sicherer bei gleicher Beweglichkeit wie ein Schaukelstuhl ist die Hängematte beim **Tiefflieger** (links). Ähnlich sind sich die Stellungen **Angeregt** (rechts), **Perlen** (linke Seite unten) und **Flechtwerk** (folgende Doppelseite). Positionen für oralen Sex sind **69** (linke Seite, links oben), **Jäger** (linke Seite, rechts oben) und **Über den Zaun** (unten).

Fichtenholzwand, ein Teppich und ein Kaminfeuer für: **Dreieck** (linke Seite oben) und **Vorderfront** (linke Seite unten), **Überschlag** (oben), das eindeutig benannte **N** (Mitte) und ein Abschluß für die Liebesnacht, die **Nachtwache** (unten).

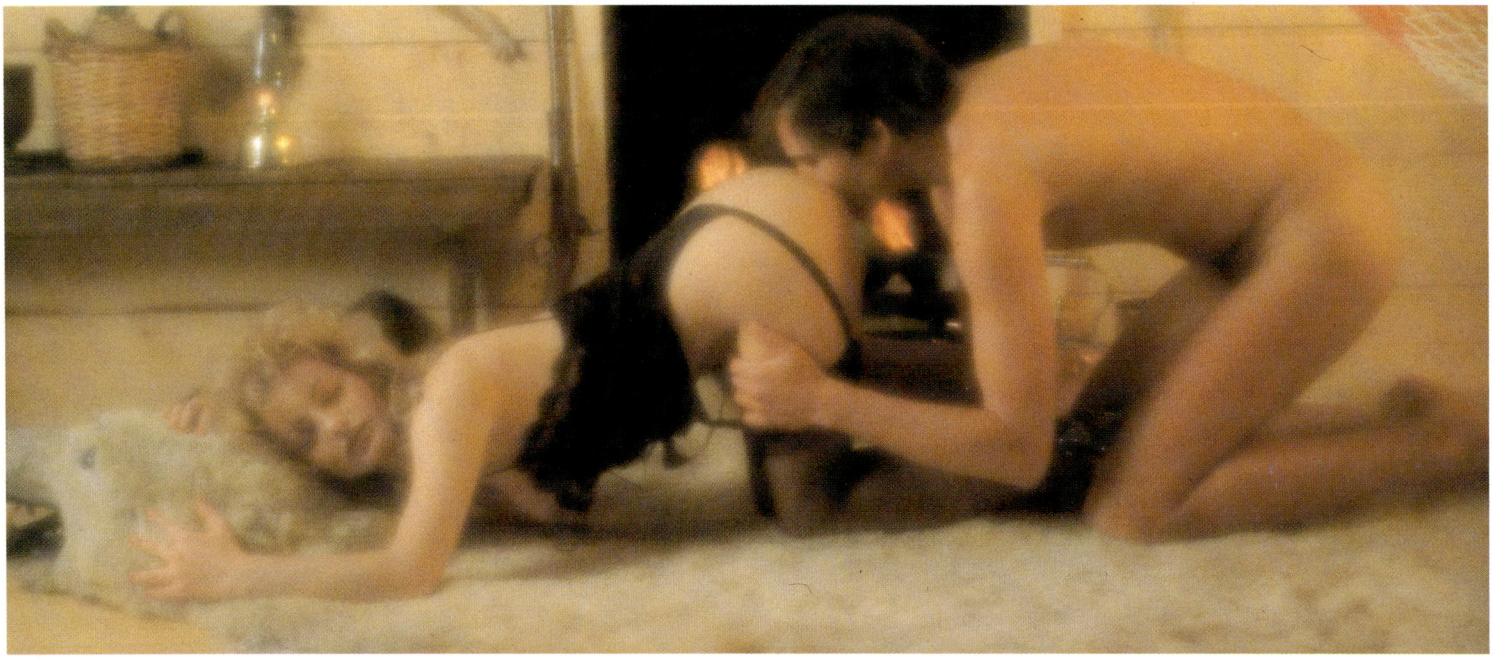

Zu guter Letzt noch einmal verschiedene Stellungen für oralen Sex.

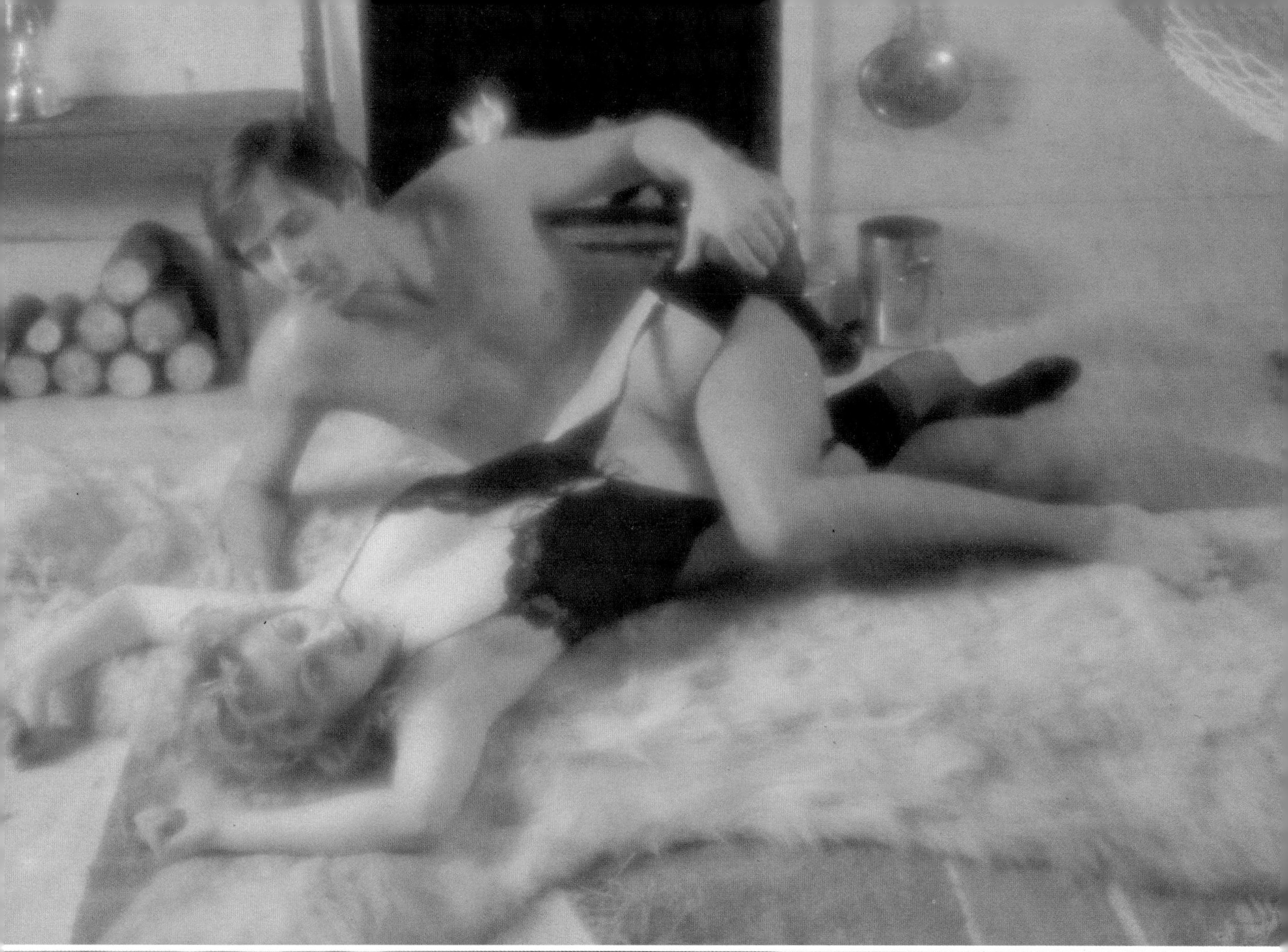